O GRANDE CIRCO

GUILHERME FIUZA

O GRANDE CIRCO

PARA ENTENDER AS ACROBACIAS DA IMPRENSA

AVIS RARA

Avis Rara é um selo da Faro Editorial.

Diretor editorial **PEDRO ALMEIDA**
Coordenação editorial **RENATA ALVES**
Editora-assistente **LETÍCIA CANEVER**
Revisão **CARLA SACRATO E BÁRBARA PARENTE**
Imagens de capa **ESTÚDIO FARO**
Imagens internas **REPRODUÇÃO**

Dados Internacionais de Catalogação na Publicação (CIP)
Jéssica de Oliveira Molinari CRB-8/9852

Fiuza, Guilherme
O grande circo : para entender as acrobacias da imprensa / Guilherme Fiuza. — São Paulo : Faro Editorial, 2025.
192 p. : il.

ISBN 978-65-5957-864-1

1. Crônicas brasileiras I. Título

25-3294 CDD B869.4

Índice para catálogo sistemático:
1. Crônicas brasileiras

FARO EDITORIAL

1ª edição brasileira: 2025
Direitos de edição em língua portuguesa, para o Brasil, adquiridos por FARO EDITORIAL

Avenida Andrômeda, 885 — Sala 310
Alphaville — Barueri — SP — Brasil
CEP: 06473-000
www.faroeditorial.com.br

INTRODUÇÃO

ESTA É A HISTÓRIA DE UMA MISSÃO. Talvez a missão mais difícil que se possa conferir a seres dotados de consciência e escrúpulo.

(Muito embaraçosas essas duas coisas — a consciência e o escrúpulo. Felizmente as novas tecnologias permitem uma série de filtros e códigos para enganar os receptores do ser consciente. Quanto às posturas escrupulosas, já estamos protocolando uma queixa-crime contra os reincidentes nesse tipo de comportamento. Basta de ódio.)

Mas voltando à missão. Após séculos e séculos de sofrimento com seus dramas de consciência, o ser humano finalmente viu a luz. Desenhou-se diante dele a possibilidade de mandar para o espaço todos os escrúpulos e viver de acordo com as suas pulsões primárias (que delícia!). Apenas seria importante manter as aparências de espécie obediente às leis e à ética (rs). É aí que entra a nossa missão.

Quem poderia criar uma embalagem eficiente para a nova civilização? Ou melhor: quem poderia embalar direitinho nossos instintos mais baixos numa bela capa de civilidade? A resposta era inequívoca: ninguém teria mais condições de cumprir essa missão do que a imprensa.

Aí se colocava outra questão desafiadora: quantos missionários da informação e da verdade — os jornalistas — estariam dispostos ao transformismo moral? Nossa aposta era: muitos. Mas nós erramos. "Muitos" foi um prognóstico irrisório. O certo teria sido: muitos mesmo; muitos e muitos mais; muuuitos; muitão; uma multidão de muitos.

Ainda assim, restava uma dúvida: haveria talento suficiente para embalar picaretagem como virtude? Malandragem como ciência? Opressão como democracia?

O trabalho de campo foi iniciado e os resultados foram fantásticos: sim, havia gente suficientemente capaz de criar manchetes idênticas em veículos concorrentes, invertendo os fatos com grande desinibição e jogando premissas geneticamente modificadas no ventilador da opinião pública.

Empolgados e inspirados pela descoberta de tamanha pusilanimidade, desenvolvemos o dispositivo matador: quem discordasse dessa alquimia passaria a ser acusado de "desinformação" — palavrinha marota que nossa máquina de propaganda transformaria em pecado capital.

Deu tudo certo! Especialistas afirmam inclusive que deveríamos ter conquistado o Nobel de Química com a nossa descoberta — de que a consciência e o escrúpulo são como radicais livres, que podem e devem ser extirpados do *Homo sapiens*.

O Nobel não veio, mas o Oscar veio — e mesmo assim não perdemos a humildade: não teríamos tido êxito sozinhos! Nossa missão épica teve a colaboração decisiva de parceiros dos meios acadêmico, artístico, jurídico, empresarial, político, científico e contrabandístico. Nossas homenagens a todos esses heróis.

Uma revolução é feita de grandes batalhas. Neste livro selecionamos as que melhor simbolizam a coragem de mentir sem perder o charme. Divirta-se se for capaz.

g1 - O portal de notícias da Globo
Comício de Trump é interrompido após supostos sons de tiros, na Pensilvânia
há 39 minutos
Folha de S.Paulo
Comício de Trump na Pensilvânia é interrompido após supostos sons de tiros
há 52 minutos
CartaCapital
Comício de Trump é interrompido após supostos sons de tiros
há 9 minutos
FOLHA
Folha de S.Paulo
@folha
Como fotografia de Trump após se
de tiro impacta narrativa sobre aten
ENNSYLVANIA TO 88022
folha.uol.com.br
Como fotografia de Trump impacta narrativa sobre atentado - 14/07/2024 - Mundo - Folha
9:47 · 14 jul. 24 · 45,8K
Jornal O Globo
@JornalOGlobo
O GLOBO
Trump cai do palco durante comício na Pensilvânia com sangue no rosto dlvr.it
Folha de S.Paulo
@folha
Leitor comenta atentado a Trump: 'Consequência de todo ambiente criado por ele mesmo'
folha.uol.com.br
Leitor comenta atentado a Trump: 'Consequência de todo ambiente criado por ...
23:30 · 15 jul. 24 · 4.557 Visualizações

CAPÍTULO 1
TIRO? QUE TIRO?

A CORAGEM DE TENTAR ESCONDER NUMA MANCHETE O QUE O MUNDO INTEIRO JÁ VIU É PARA POUCOS

NO JORNALISMO MODERNO, um dia na vida de uma redação começa sempre da mesma forma: checamos a cartilha politicamente correta para decidir qual peixe vamos vender, repassamos a lista dos inimigos imaginários que vamos bombardear, discutimos que história vamos inventar para enaltecer os heróis que fabricamos. Enfim, rotina. Mas às vezes a realidade sacode a nossa zona de conforto.

Foi o que ocorreu numa tarde quente e monótona em Butler, Pensilvânia. Nós cansamos de avisar aos nossos correspondentes: não apareçam com fatos novos, não atrapalhem o noticiário que montamos de véspera. Mas eles desobedecem a essa diretriz com uma frequência irritante. Aí, lá vamos nós ter que lidar com o desagradável e desnecessário mundo lá fora.

Tiros tinham sido disparados contra Donald Trump, naquele momento o candidato favorito à Casa Branca na eleição de 2024. Ele não tinha morrido, nem estava ferido com gravidade. Pensamos logo: é o pior dos mundos. O cara sobreviveu e isso vai virar dividendo político. Nós somos assim, colocamos a empatia acima de tudo.

As imagens do atentado chegaram muito rapidamente, como sempre acontece nos dias de hoje. Mas... Quem disse que foi um atentado? Com todo o respeito às imagens reais, nunca subestimem a nossa literatura. O diabinho começou a soprar na nossa orelha: vamos sumir com esse atentado!

Impossível? Ora... Pra quem já sumiu com a ciência, com a ética, com a virologia, com o computador do Hunter Biden, com a senilidade do pai dele, com povo na rua, com post, com voto, com a corrupção, com o direito... sumir com um atentado é moleza. Não se esqueçam: somos os magos da polarização. Se publicarmos que uma formiguinha esmagou um elefante, em questão de minutos já haverá até denúncia no Conselho de Direitos Humanos da ONU (se a ditadura chinesa ganhou assento lá, eles haverão de saber humanizar o elefante).

Mas o que fazer com a imagem de Trump sangrando? Ah, vamos dizer que ele caiu. Normal. Pessoas caem. Pessoas idosas caem mais ainda. Às 20 horas e 20 minutos do dia 13 de julho de 2024, o jornal *O Globo* postou a seguinte notícia: "Trump cai do palco durante comício na Pensilvânia com sangue no rosto".

Meia hora antes, ou mais precisamente 31 minutos antes (às 19h49) a *Revista Oeste* tinha publicado: "Trump sofre atentado a tiros durante comício nos Estados Unidos". Segundo o *manual do moderno jornalismo mentira*, isso é uma flagrante precipitação. Como é que se faz uma afirmação conclusiva dessas, sem a devida leitura das manchetes fantasiosas que ainda estavam por vir? Leviandade pura.

Mas não teve problema. A nossa desinibição superou esse incidente desagradável. Somos muitos — e somos rápidos. Sobreveio então o bombardeio.

G1: "Comício de Trump é interrompido após supostos sons de tiros, na Pensilvânia".

Folha de S.Paulo: "Comício de Trump na Pensilvânia é interrompido após supostos sons de tiros".

Carta Capital: "Comício de Trump é interrompido após supostos sons de tiros".

Como se pode constatar, independência é tudo. Note que não são manchetes idênticas. Todas noticiam "supostos sons de tiros" (um show de precisão), mas o trecho "na Pensilvânia" sempre varia. A sutileza é a alma do negócio.

Ainda assim, não foi uma orquestração perfeita. Houve uma falha significativa na mensagem. Por que falar em "tiros", mesmo com a ressalva de que são apenas supostos sons? Na nossa luta contra a violência e a onda de ódio, "tiro" é uma palavra a ser evitada. Se possível, banida do dicionário. Vamos pensar num projeto de lei.

Por isso é que a versão "cai do palco" se consagrou como a melhor cobertura desse lamentável incidente na Pensilvânia. Imprensa sem coragem não existe. A coragem de tentar esconder numa manchete o que o mundo inteiro já viu é para poucos. Dificilmente perderá o Prêmio Pinóquio de Jornalismo Investigativo.

Mas a concorrência é forte:

"Barulho interrompe comício de Trump; ex-presidente aparece sangrando."

Essa foi do UOL. Muito criativa também, com um toque de dramaturgia shakespeariana no "aparece sangrando" — descrição meio cifrada que coloca um tom de mistério sobre a notícia, contribuindo para dar uma embaçada no fato (que é nossa missão).

Com coragem e capacidade criativa, o jornalismo pode ir ainda mais longe que o autor de *Hamlet*. Ele é um aprendiz da teatrologia perto do autor dessa chamada na Jovem Pan News:

"Donald Trump sofre ferimento na orelha em comício na Pensilvânia."

A excelência na escolha da linguagem não é para qualquer um. Conseguir numa situação dessas não usar a palavra "tiro", nem a palavra "sangue", nem a palavra "atentado", nem mesmo "estampido" ou qualquer outro termo que desse a noção do ato violento é coisa de mestre. "Ferimento na orelha" pode ser causado por uma mordida de mosquito, ou mesmo um peteleco. Bravo!

Na tarja que fica na tela resumindo a notícia, a Pan escreveu: "Serviço Secreto investiga tiros em comício de Trump". Isso foi às 19h55, quando já tinha rodado o mundo a imagem do ex-presidente se abaixando com a mão na lateral da cabeça ao som dos estampidos e sendo cercado pela segurança com o rosto sangrando. Num contorcionismo magistral, as manchetes conseguiam desconectar as balas de fuzil do seu alvo.

Se foi sem querer, merecem o Prêmio Nobel de Genialidade Involuntária. Se foi sem querer, querendo, melhor ainda. Sutileza é tudo para nós.

Mesmo com essa exuberante fartura de artifícios despistantes, ninguém conseguiu superar a sofisticação da CNN. Sirva a si mesmo uma dose de uísque escocês, acenda um charuto cubano e saboreie essa iguaria rara:

"Discurso de Trump é interrompido pelo Serviço Secreto."

Não é magistral? Como nosso público já está educado para desconfiar de Donald Trump pela simples pronúncia do nome dele, essa manchete foi de uma eficiência assombrosa. Se o Serviço Secreto interrompeu Trump, alguma ele estava aprontando! Possivelmente mais uma tentativa de acabar com a democracia para sempre, como alertou nosso garoto de recados Robert De Niro.

O problema é que no site da emissora havia ainda o espaço para o subtítulo. O que escrever ali, sem estragar a poesia parnasiana do título? Nessas horas, o melhor é o bom e velho arroz com feijão. Foi o que fez a CNN, abrindo mão de dar qualquer outra informação e usando o subtítulo para praticamente repetir o título: "O Serviço Secreto interrompeu o comício de Donald Trump em Butler, na Pensilvânia".

Não é genial? Não. É mais que isso. É revolucionário. Jamais na história da imprensa alguém tinha tido a ousadia de fazer o título e o subtítulo com a mesmíssima informação — quebrando completamente as expectativas convencionais do público e inaugurando o *Moderno Jornalismo Reiterativo.* Uma rosa é uma rosa é uma rosa.

Para quem se perdeu no mergulho crítico acima, vamos expor a obra-prima completa — título e subtítulo da CNN:

"Discurso de Trump é interrompido pelo Serviço Secreto."

"O Serviço Secreto interrompeu o comício de Donald Trump em Butler, na Pensilvânia."

Enxugue as lágrimas e continue lendo este ensaio crítico para não perder a conclusão. Aí vai ela: a obstinação em mostrar a verdade, custe o que custar, distingue a missão jornalística da propaganda enganosa.

Pelo menos por alguns minutos, as vítimas dessa manchete... Desculpe: os leitores dessa manchete ficaram se perguntando, excitados, qual foi o impropério disparado por Trump que levou a elite da segurança norte-americana, ou melhor, estadunidense a cortar sua fala! Será que dessa vez o delito do homem mau teria sido suficiente para barrar sua candidatura presidencial?! Conta mais, CNN!

Não importa que depois a verdade dos fatos tenha se imposto e a ilusão tenha se perdido no éter. Alguns minutos de ódio contra Trump fazem bem pra alma, e ponto final. Ódio no bom sentido, claro.

As grandes coberturas jornalísticas ficam ainda mais grandiosas quando vistas em retrospectiva. E nada melhor para resumir os acontecimentos de 13 de julho de 2024 na Pensilvânia do que a escalada noticiosa, em tempo real, do programa *Outra Coisa* — vanguarda do jornalismo mentira. Segue-se a reconstituição. Não perca o fôlego:

Interrompemos nossa programação para informar que houve um barulho na Pensilvânia. Aguarde atualizações.

Atualizando: houve um barulho estranho na Pensilvânia. Em breve mais detalhes.

Urgente: confirmado o barulho estranho na Pensilvânia. Voltaremos a informar sobre o assunto ao longo da programação.

Agora é oficial: o barulho na Pensilvânia foi muito estranho mesmo. E a nossa reportagem já apurou que pode ter havido mais de um barulho. Ou seja: não queremos nos precipitar, mas talvez estejamos diante de vários barulhos. Aqui você saberá de tudo, doa a quem doer.

Novo boletim sobre o caso da Pensilvânia. Está sentado? Os barulhos ouvidos no estado norte-americano podem ter sido de tiros. Vamos continuar apurando para noticiar tudo com muito cuidado, porque somos contra a violência.

Olha, ainda não sabemos direito que barulhos foram esses, mas parece que alguém caiu de algum lugar. Aqui você saberá a verdade em primeira mão.

Nova atualização sobre o Enigma da Pensilvânia: alguém caiu de um palco. Não se sabe se o que estava acontecendo nesse palco era uma palestra, uma peça de teatro, um show de rock ou um comício. Se era comício, já vamos adiantando nossas suspeitas.

Confirmado: os supostos barulhos que talvez lembrassem tiros (que horror!) aconteceram num local onde estava havendo um comício. E a pessoa que caiu do palco, provavelmente depois de alguma estripulia, estava com a orelha vermelha.

Nova atualização direto da Pensilvânia: o vermelho na tal orelha pode ser alergia ou mordida de mosquito (nossos especialistas alertam que mosquitos gostam muito de orelhas, principalmente ao ar livre). As outras hipóteses para a orelha vermelha são molho de tomate ou batom proveniente de um beijo feminino descuidado.

Apagamos o boletim anterior e pedimos desculpas por insinuar que beijo de batom só pode ser feminino. Todos os gêneros são livres para usar batom. Qualquer maneira de amor vale a pena. Voltaremos a informar em breve sobre o incidente da Pensilvânia.

Urgente: o sujeito que caiu do palco era Donald Trump. Alguma ele estava aprontando. Especialistas que avaliaram as imagens do tombo trabalham com as hipóteses de assédio ou bebedeira.

Plantão extraordinário: nosso jornalismo investigativo já descobriu tudo. Num comício na Pensilvânia, um apoiador violento de Donald Trump deu tiros para o alto exatamente no momento em que o candidato mordia um cachorro-quente. Trump se assustou, perdeu o equilíbrio por causa da idade avançada e se lambuzou todo de ketchup. Como já alertamos inúmeras vezes, um idoso como Trump devia parar de inventar moda.

Voltamos agora ao noticiário normal: afiado como uma navalha, Joe Biden acaba de reescrever a Teoria da Relatividade — eliminando uma série de preconceitos que estavam contidos nela — e está iniciando os treinos para correr a Maratona de Nova York. Pesquisas mostram que Biden só perde para a Estátua da Liberdade.

Para que possamos mentir com classe, nós precisamos de culpados de plantão. Não é inventar um culpado do dia para a noite, que fique bem entendido. Nós preparamos, moldamos, alimentamos, esculpimos, enfim, nós desenvolvemos os nossos culpados com perícia e muito capricho. Você já foi um deles.

Sim, você! Lembra quando dissemos que circulando sozinho ao ar livre você era uma ameaça à vida alheia e enfiado num ônibus lotado você era o rei da empatia? Bons tempos, aqueles. Nunca foi tão fácil fazer jornalismo. Era só dar uma volta pela cidade no carro de reportagem com três máscaras na cara e sair dedurando os hereges. Foi a maior fábrica de culpados e vilões que já construímos! Inocentes éramos só nós, o Dória, o Eduardo Leite, o Gavin Newsom, o Boris Johnson, o Fauci e mais meia dúzia de heróis.

Quando os tempos apertam é diferente. Aí os culpados de estimação têm que ser MUITO culpados — justamente pela escassez. O Trump com certeza foi o maior vilão que já construímos, e temos um orgulho transbordante disso. Sem perder a humildade, claro. Mas é que o Donald é uma espécie de vilão multiuso: pode ser culpado por praticamente qualquer coisa sobre a Terra — enquanto houver Terra. Ou melhor: enquanto ELE não acabar com a Terra.

Está chateado que hoje ninguém prestou atenção em você? Deprimido porque desde que acordou não ouviu ainda nenhum aplauso para o seu humanismo de fachada? Sem problemas! Vá ao teclado, conte que seu gato subiu no telhado com medo do Trump e agora ninguém consegue tirá-lo de lá. Pronto. Adeus, solidão! Você receberá instantaneamente toda a solidariedade e o amor que a vida jamais te daria por quem você é. Mas não se esqueça de agradecer a nós, hein? Não fique pensando que um monstro perfeito assim cai do céu. Isso deu trabalho, garoto.

Dito isso, adivinha quem nós culpamos pelo atentado contra o Trump? Acertou, danado: o próprio Trump! Entendeu como é valioso um vilão absoluto?

Não está acreditando que nós fomos capazes disso? Duvida que tenhamos tido a coragem de culpar a vítima do atentado pelo atentado contra ela? Você está subestimando a nossa desinibição. Sabe de nada, inocente! Felizmente podemos provar — se não ia ficar parecendo história de pescador. Veja com seus próprios olhos:

"O presidente Trump e seus apoiadores contribuíram para essa retórica violenta", declarou a emissora americana ABC menos de 24 horas depois dos tiros na Pensilvânia.

Exatamente isso! Não havia ainda investigação alguma concluída sobre o crime, a chefe do Serviço Secreto nem tinha pedido demissão ainda, e a imprensa já tinha resolvido o caso: culpa do Trump! Não é apaixonante, o nosso ofício?

E o mais apaixonante é que nós agimos em bloco — depois que perdemos a vergonha de ser ostensivos. Da ABC para *O Estado de S. Paulo*, por exemplo, só muda o hemisfério. "Opinião do Estadão: Atentado contra Trump representa uma dramática escalada da violência política que tem marcado os EUA desde que o ex-presidente incitou a invasão do Capitólio no 6 de Janeiro."

Num texto como esse, quando tivermos um pouco mais de cara de pau, haveremos de concluir, triunfantes: bem feito!

De qualquer forma, nossa desenvoltura já atingiu um nível de excelência. Dizer que Trump incitou a invasão do Capitólio é uma questão de estado de espírito, quase um capricho de alma. Nos tempos idos daquilo que se chamava de jornalismo não dava para fazer isso, porque Trump não perdeu seus direitos políticos — e inclusive no momento do atentado ele liderava a corrida presidencial em várias pesquisas. Acusá-lo, portanto, de mentor da invasão ao parlamento — apresentando isso como fato estabelecido — seria uma completa leviandade. "Levi" o quê? Nem sabemos o que é isso hoje em dia.

Vamos acompanhar um pouco mais a estrada sinuosa do pensamento do *Estadão*. O título do editorial, publicado em cima do lance, era "Entropia americana" (nós, da imprensa moderna, somos muito cultos e não queremos que pairem dúvidas sobre isso). Segue um trecho da entropia editorial:

"O crime de que Trump foi vítima há de ser vigorosamente condenado. Contudo (...)."

Vamos prosseguir, mas colocamos essas reticências para uma breve e valiosa reflexão: o que seria de nós sem os contudos? Sem os poréns, os todavias? Roubar é crime. Contudo... A possibilidade de relativizar tudo é a prova cabal de que a vida é bela.

Retomando: "O crime de que Trump foi vítima há de ser vigorosamente condenado. Contudo, não se pode dizer que era imprevisível em um contexto no qual o recurso à força das armas tem sido estimulado pelo próprio ex-presidente como meio de afirmação política desde o fatídico dia 6 de janeiro de 2021".

Entendeu? Trump foi fuzilado por causa do seu "recurso à força das armas". Em uma única frase estão explicados todos os atentados a presidentes americanos através da história! Tanto trabalho tentando decifrar o assassinato de John Kennedy e aí está, singela, definitiva, seis décadas depois, a resposta: foi a onda de ódio! Como é pródigo e certeiro, o jornalismo moderno!

Claro que admitir Trump como "vítima" de qualquer coisa já deve ter sido um parto para o editorialista entrópico. Mas o troco vem na mesma frase, antes mesmo do "contudo". É emocionante o reconhecimento de que "o crime" deve ser "vigorosamente condenado". Já que a culpa é da vítima, resta condenar o crime.

Nessas horas, a reportagem dos grandes veículos de comunicação vai a campo de forma exuberante. Veja a joia que a *Folha de S.Paulo* extraiu dessa batalha, apenas dois dias após o contratempo da Pensilvânia.

"Leitor comenta atentado a Trump: 'Consequência de todo ambiente criado por ele mesmo'."

É ou não é um show de jornalismo? Superando o já sofisticado "diz especialista" para calçar o que a gente quer porque quer dizer, surge o "leitor comenta". Desculpem, analistas, cientistas, técnicos e professores. Quem são vocês diante da autoridade dele, o leitor, num momento grave da conjuntura mundial? E para que gastar entropia linguística em editoriais empolados se o Zé da Galera tem a resposta na ponta da língua? Foi o "ambiente", estúpido!

Vamos fazer a reconstituição do crime: Trump criou um ambiente. Ninguém cria um ambiente impunemente. Você aí, com este livro na mão: já criou um ambiente? Então és um sobrevivente. Assim como Trump. Sorte sua se não apareceu um atirador em cima do telhado apontando um fuzil AR-15 para a sua cabeça. É isso que acontece com quem cria ambientes. O que Trump queria? Ser alvejado com rosas? Está certíssimo o leitor da *Folha*.

E o leitor de *O Globo* também. Como já explicado, nós, os heróis do jornalismo moderno, usamos todo o nosso aparato intelectual para desacreditar o atentado contra Donald Trump. Fomos ostensivos, mas também sabemos ser sutis. Colocar o leitor para falar em lugar dos jornalistas já é um clássico na arte da dissimulação, mas utilizá-lo na própria seção de cartas também é uma boa sacada.

Intitulada *A bala e a truta*, essa carta é tão boa que poderia ter sido escrita por qualquer um de nós:

"Tenho uma dúvida: tendo uma orelha uma espessura de alguns milímetros, como uma bala de fuzil vinda de cima não feriu ou matou uma das pessoas que estavam aglutinadas atrás do Trump? A bala ficou presa na orelha? Algumas pessoas que entendem de armas acham que uma bala de fuzil arrancaria a orelha dele. E cadê a bala? Tem truta nessa história!"

É a perfeição. O mesmo jornal que noticiou o atentado com a manchete "Trump cai do palco", desova uma perícia de botequim na seção de cartas — com direito à tese debochada de que a bala teria ficado "presa na orelha". Quando *O Globo* publicou essa pérola do espírito de porco, já havia uma pessoa inocente morta pela bala que não ficou presa na orelha de Trump. E daí? O importante (e urgente) era publicar essa gracinha macabra. Nós nunca nos afastamos da nossa missão.

Confirmado o atentado contra Donald Trump — com bala e sem truta — a *Globonews* emitiu o alerta: Joe Biden precisa agir rápido.

Naturalmente, era sobre esclarecer o quanto antes um crime daquela magnitude cometido nas barbas do Serviço Secreto, certo? A preocupação da imprensa era com a segurança das instituições democráticas colocadas em risco pelo atentado, certo? Errado. Vamos ao trecho completo da análise veiculada pela emissora pouco depois dos tiros na Pensilvânia:

"Joe Biden precisa realmente agir rápido, porque não há dúvidas de que isso vai ser usado política e estrategicamente por Donald Trump, que vem, há bastante tempo, fazendo um discurso de que é a vítima, de que precisa combater esse sistema e de que existe uma grande perseguição política contra ele", disse Uriã Fancelli, especialista em relações internacionais pelas Universidades de Groningen e Estrasburgo, na *Globonews*.

Certíssimo, o especialista. Já que Trump não morreu, o mais urgente era calar a sua boca. Os vivos têm mesmo essa mania de falar, e isso pode ser muito perigoso. É impressionante a empatia do intelectual de Estrasburro.

Nosso trabalho impecável de ocultação de cadáver vivo foi um pouco prejudicado por um elemento indesejável no mundo maravilhoso da mídia. Um intruso. O bilionário mimado Elon Musk fez de tudo para prejudicar a missão sagrada do jornalismo mentira. Quem esse sujeito pensa que é?

Estava indo tudo bem na nossa tentativa de abafar o caso quando esse cara começou a tentar atrapalhar. Usando a plataforma X — que ele comprou para transformar no seu brinquedinho pessoal, temos certeza —, Musk começou a expor nossas manchetes iguaizinhas. Qual é o problema de veículos concorrentes da grande imprensa passarem a atuar como uma orquestra? O que ele tem contra uma sinfonia bem ensaiada?

Aí o brinquedo do bilionário mimado saiu expondo o nosso vexame — sendo que não autorizamos ninguém a mostrar os nossos tradicionalíssimos veículos passando vergonha. Mas estava lá, no Twitter que virou X, o coral afinado sobre o 13 de julho em Butler:

"Donald Trump escoltado para fora do palco pelo Serviço Secreto em comício após barulhos altos ouvidos na multidão" (ABC News).

"Trump escoltado para fora após barulhos altos no comício da Pensilvânia" (*The Washington Post*).

"Serviço Secreto retira Trump do palco após estampidos ouvidos no seu comício na Pensilvânia" (NBC News).

"Trump removido do palco pelo Serviço Secreto após barulhos altos surpreenderem ex-presidente" (USA *Today*).

"Serviço Secreto retira Trump do palco após queda dele em comício" (CNN).

Após essa rajada de manchetes certeiras, o público estava muito bem-informado sobre os fatos capitais:

1. Trump caiu.
2. Trump saiu do palco.
3. Foram ouvidos barulhos altos na Pensilvânia.

Nem os "supostos sons de tiros" que dominaram o coral da imprensa brasileira foram vistos nas manchetes estadunidenses. O jornalismo nacional ainda tem muito que aprender com os imperialistas.

Aí vem esse riquinho viciado em foguetes que andam de costas criticar o nosso trabalho. O que nós fazemos? O que todo jornalista moderno deve fazer: a caveira dele. De que forma? Assim:

"Musk e outros bilionários pró-Trump ajudaram a formatar a narrativa do tiroteio", estampou o *Washington Post* no dia seguinte ao atentado. Veja que de formatação o jornal entende: "A comunidade empresarial direitista no X, incluindo Elon Musk e o bilionário do *hedge fund* Bill Ackman, usou seus megafones para endossar Trump e propagar versões sobre o ataque de sábado".

Até aceitaríamos que Musk tivesse falsificado os acontecimentos na Pensilvânia. Mas expor a nossa falsificação não podemos tolerar. Aí temos que aplicar o nosso código de ética, como exposto acima: bateu, levou; olho por olho, dente por dente; aqui se faz, aqui se paga. Afinal, alguém tem que defender a civilização.

A reação de Elon Musk às acusações de manipulação foi também publicada no X. Ele ilustrou a cobertura dada pela grande mídia para a tentativa de assassinato de Donald Trump com uma gravura do assassinato de Júlio César por um grupo de senadores em Roma. Legenda: "César ferido em abraço grupal".

Não precisava ter viajado tão longe no tempo. O assassinato de John Kennedy em 1963 estava mais à mão. Pelas lentes do jornalismo moderno, a legenda correta seria:

"Kennedy passa mal durante passeio em Dallas."

O mundo não seria muito melhor assim? Chega de ódio.

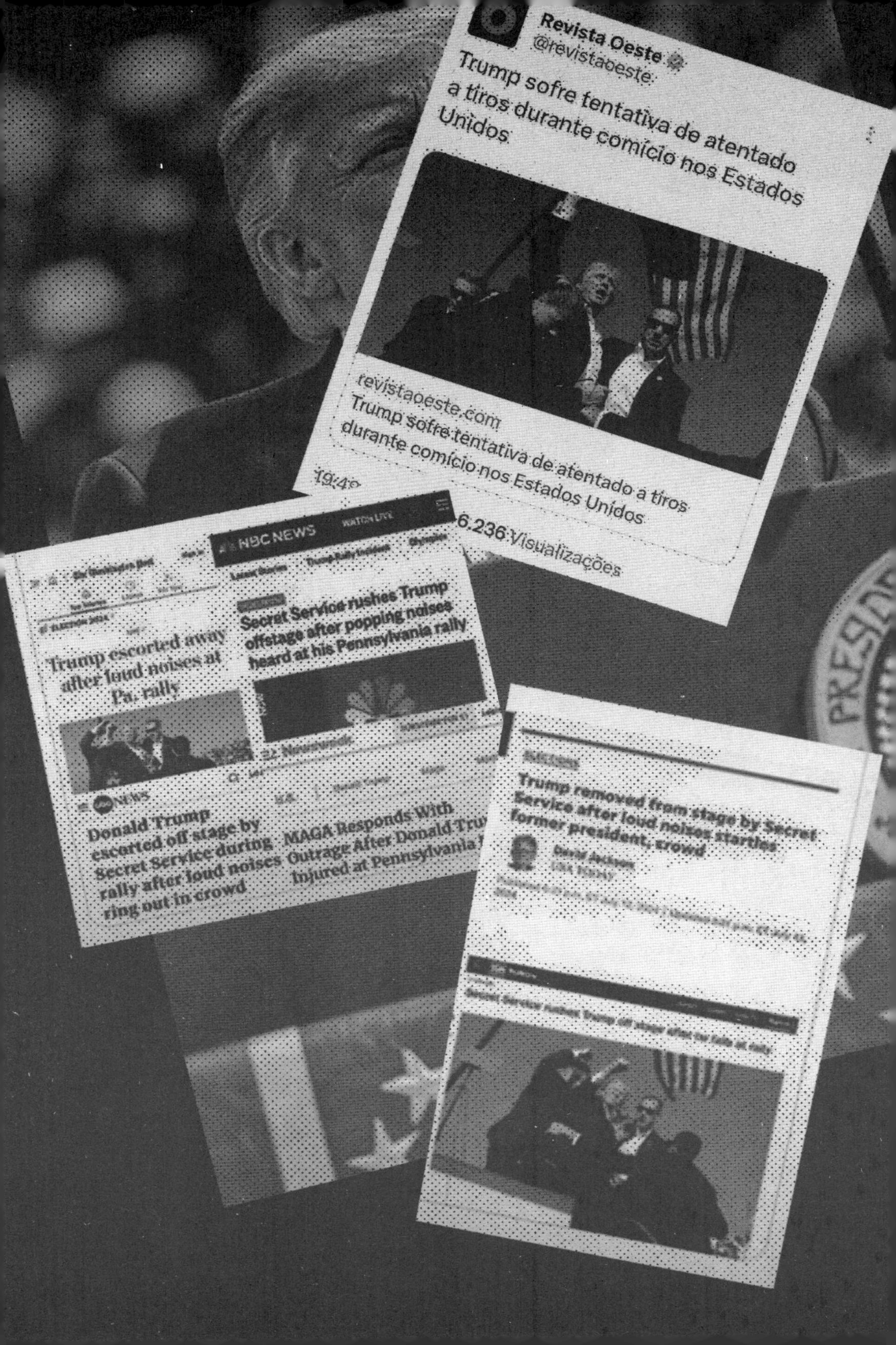

Revista Oeste
@revistaoeste
Trump sofre tentativa de atentado a tiros durante comício nos Estados Unidos
revistaoeste.com
Trump sofre tentativa de atentado a tiros durante comício nos Estados Unidos
6.236 Visualizações
NBC NEWS
WATCH LIVE
Secret Service rushes Trump offstage after popping noises heard at his Pennsylvania rally
Trump escorted away after loud noises at Pa. rally
Donald Trump escorted off stage by Secret Service during rally after loud noises ring out in crowd
MAGA Responds With Outrage After Donald Tru
Injured at Pennsylvania
Trump removed from stage by Secret Service after loud noises startles former president, crowd

Folha de S.Paulo
@folha
Presidente mencionou possível segundo pleito caso Nicolás Maduro não consiga provar lisura do processo eleitoral.
mla.bs/e0374666
@gabrielabilo1 /Folhapress
FOLHA DE S.PAULO
mundo
Lula sugere convocar nova eleição na Venezuela para contornar crise
14:32 · 13 ago. 24 · 35K Visualizações
O GLOBO 100
Mundo
ASSINE
Mundo
Lula silencia sobre posse de Maduro e governistas se dividem entre críticas e apoio ao ditador
Alckmin e ministros se pronunciaram contra o novo mandato; comitiva do PT comparece a posse
Por Victoria Abel, Karolini Bandeira e Eliane Oliveira — Brasília
O presidente da Venezuela, Nicolas Maduro, ao lado da primeira

CAPÍTULO 2

O DITADOR DEMOCRATA

DESSA VEZ ÍAMOS TER QUE REBOLAR PARA CONTAR UMA HISTÓRIA ONDE O MOCINHO E O BANDIDO NÃO PARECESSEM SER A MESMA PESSOA

NICOLÁS MADURO É UM DITADOR. Nicolás Maduro é um democrata. As eleições na Venezuela foram fraudadas. As eleições na Venezuela foram legítimas. A oposição foi esmagada pelo regime. O regime é pacífico, obediente ao estado de direito e não esmaga ninguém.

Antigamente, o jornalismo não podia conviver com essas contradições. O código moral da imprensa era uma coisa muito chata e restritiva: ou era uma coisa, ou era outra. No jornalismo moderno, felizmente, essa rigidez ficou para trás. Nós podemos tratar Maduro como um democrata e um ditador num piscar de olhos. E se você piscar de novo, ele volta a ser democrata.

O bailado da imprensa amiga para tentar salvar o governo brasileiro do vexame na crise venezuelana foi épico.

Lírico. Dramático. Tudo ia muito bem quando Lula recebeu Maduro com todas as honras de chefe de Estado. Até deu uma força ao colega aconselhando-o, em público, na frente de todo mundo, em pleno Palácio do Planalto, a criar a sua "narrativa". Nessa hora, nós, jornalistas modernos, fechamos os olhos com todas as forças para tentar não ver a cena. E não paramos por aí: tapamos os ouvidos também.

Fomos premiados pela coragem de fazer vista grossa para uma cena tão vergonhosa. Hoje em dia, vergonha é uma coisa muito relativa. Assim como a Venezuela, segundo Lula, é um excesso de democracia, as pessoas andam com excesso de vergonha também. Aí conseguimos seguir em frente incólumes após aquela condecoração, na nossa cara, de um regime brutal como "democracia". Mas nossa alegria durou pouco.

Vieram as eleições presidenciais na Venezuela e o *Carter Center* cravou: fraude. Nós tentamos fingir surpresa, mas dessa vez estava difícil. Até o presidente do Chile, Gabriel Boric, que no álbum de figurinhas ideológico está à esquerda, se recusou a embarcar na cilada:

"Boric não reconhece eleição de Maduro", manchetou o *Estadão*.

A notícia de 29 de julho de 2024 tinha o seguinte resumo:

"Presidente chileno critica resultado das eleições venezuelanas e diz que não reconhecerá resultados que não sejam verificáveis."

O quê?! Resultado verificável? Esse cara enlouqueceu? Desde quando voto precisa de verificação? Nós trabalhamos tanto tempo para ensinar que sistemas eleitorais modernos falam por si — e vem um distraído botar essa pulga atrás da orelha da opinião pública? Francamente!

O fato era que, cá pra nós, dessa vez íamos ter que rebolar para contar uma história na qual o mocinho e o bandido não parecessem ser a mesma pessoa.

Mas nós somos bons. Nosso primeiro reflexo foi tentar uma desconstrução sumária de Maduro, como se nunca tivéssemos chancelado a ladainha petista de que o regime chavista era uma democracia saudável. "Na Venezuela, Maduro imita Bolsonaro e adota estratégia do voto impresso", escreveu a *Veja*. Maduro bolsonarista era um excelente começo.

"Nicolás Maduro é de direita", escreveu Janio de Freitas no Poder 360.

Coisa de gênio. Por que ninguém pensou nisso antes?

"O que o presidente venezuelano fez à candidata em vantagem para a sucessão do país, Maria Corina Machado, foi o que os bolsonaristas fizeram a Lula em 2018", resumiu Janio de Freitas.

Foi mesmo. Igualzinho. O jornalismo de grife sempre salvando os mortais da ignorância. Lula foi condenado pela Justiça brasileira e preso em 2018 por corrupção passiva e lavagem de dinheiro — e chamar os nove juízes que lavraram essa condenação de bolsonaristas é um dos atos mais desinibidos da história da imprensa nacional. Bravo! A vida quer é coragem. De resto é torcer para a Maria Corina nunca ler uma coisa dessas, porque ela pode ficar chateada.

E seguimos com o nosso estranhamento sumário à figura de Nicolás Maduro — aquela mesma que achamos naturalíssima desfilando no Palácio do Planalto, pouco tempo antes, tratada com reverência e carinho por Lula. Nenhum de nós considerou aquele encontro negativo para a democracia.

Mas o mundo dá voltas — e às vezes parece girar mais rápido. Deu ruim — diria o filósofo, resumindo o vexame da eleição venezuelana. E, no que deu ruim, a atualização do verbete já apareceu na *Globonews*:

"Eu não sei por que o PT tem esse fascínio com o regime do Maduro, que não é nem um regime de esquerda, é uma cleptocracia ditatorial de viés militar. Além de ser uma figura extremamente conservadora ou retrógrada em questões comportamentais", analisou Guga Chacra.

Ah, se a gente tivesse tido a ideia de alertar antes o democrata Lula sobre o cleptocrata ditatorial de viés militar que trocava carícias políticas com ele por mais de duas décadas... Mas tudo tem o seu tempo.

O importante era fazer o alerta — que se completava assim:

"Aliados de Lula veem munição para bolsonaristas."

Perfeito. E aqui cabe uma nota explicativa: o bolsonarismo, para nós, é uma espécie de mãe. Quando a gente não sabe mais onde enfiar a cara de tanta pirueta moral, apontamos com coragem e fervor para o perigo bolsonarista. O mal-estar passa na hora, experimenta só.

Foi bonito ver todo mundo acordando ao mesmo tempo para o pesadelo chavista:

"O chanceler Amorim perdeu a chance de entrar para a história como um defensor da democracia. Induziu Lula a alinhar o Brasil a um golpe de estado desferido à luz do dia por um ditador latino-americano sanguinário, visivelmente derrotado pela ampla maioria do seu povo", escreveu Marcelo Tas. "Uma vergonha que vai arranhar para sempre a prestigiosa diplomacia brasileira."

Foi mesmo uma crueldade isso que o Celso Amorim fez com o Lula. O presidente brasileiro na maior inocência, achando que estava fazendo o bem para os venezuelanos, sem saber que era induzido (!) maquiavelicamente pela raposa diplomática. Pessoas puras e ingênuas de fato são induzidas facilmente pelo primeiro malvado que aparece.

Felizmente, o prognóstico do arranhão indelével na prestigiosa diplomacia nacional não se confirmou, pelo menos no curto prazo. Passados alguns meses do referido golpe, Maduro continuava impávido no comando e nenhum de nós falava mais no assunto. Tempo rei.

Mas enquanto o assunto não sumia das manchetes foi um deus nos acuda. A eleição escandalosa na Venezuela em 2024 foi um dos maiores desafios da história do jornalismo mentira

— que precisou mobilizar todo o seu talento e bravura para não sucumbir. O mundo inteiro recebendo as notícias de votação fraudada, violência e aniquilamento da oposição — e nós tendo que tirar do armário às pressas todas as palavras que nunca usamos para o companheiro Maduro: ditador, sanguinário, corrupto, fraudador, golpista, enfim, uma pessoa horrível.

"Não dá pra passar pano: a Venezuela vive uma ditadura", disse Luciano Huck. "E tudo indica que estamos vendo uma fraude eleitoral."

Pois é. Provavelmente uma ditadura repentina, caída do céu como uma folha de outono. Porque até 2022, quando a política externa brasileira denunciava o regime do país vizinho como inimigo do estado de direito, não dava para ouvir esse exuberante coro de democratas implacáveis. A vida é assim. Um dia uma democracia acorda se sentindo uma ditadura, aí pega todo mundo de surpresa.

Mas um grande estadista como Lula sempre dá o seu jeito. Ou as manchetes dão um jeito para ele — o que dá praticamente no mesmo. Segundo a *Globonews*, Maduro tentara falar com o presidente brasileiro após as eleições, mas fora rechaçado. Lula "não quis falar com o Maduro enquanto ele não liberasse as atas", informou Eliane Cantanhêde. "O governo (brasileiro) está dando um certo gelo no Maduro."

É bem verdade que existem gelos mais gelados que outros. No caso, naquele exato momento, uma resolução da OEA pedia a divulgação das atas eleitorais da Venezuela. Eram necessários 18 votos para aprovação. Mas só houve 17. O Brasil se absteve. Estava tão ocupado dando um gelo no Maduro por causa das atas que nem deve ter notado a OEA pedindo as atas. Foi o gelo mais quentinho e aconchegante da história da diplomacia mundial.

E valeu a pena. Logo essa histeria injustificada contra a ditadura democrática de Maduro começaria a esfriar — facilitando o nosso trabalho e permitindo que guardássemos aquelas palavras desagradáveis de volta no armário. Talvez até tenhamos sido precipitados em usá-las. Era tanta manchete falando de eleição roubada e banho de sangue que a gente se assustou: parecia que a nossa máscara, dessa vez, ia cair ao vivo.

Alarme falso. Com um pouquinho de paciência as coisas foram voltando para os seus lugares. Maduro agradeceu a declaração conjunta de Brasil, Colômbia e México reconhecendo a autoridade do seu Conselho Eleitoral — e o gelo foi se derretendo como uma assessora de Mercadante diante do charme do ditador.

Em meio a mais de 2 mil prisões, centenas de feridos e dezenas de mortos no banho de sangue previsto por Maduro, já se noticiava a habilidade diplomática do governo petista:

"Diplomacia dá muito trabalho para apresentar resultados. O Brasil está corretíssimo ao insistir em usar os mecanismos dessa diplomacia."

"O Brasil está empenhado em tentar conter a violência e não dinamitar a capacidade de diálogo."

"O Brasil agora vai ter que socorrer esses dois países (Argentina e Peru) que fizeram aquela lacração de bater de frente logo no primeiro momento."

Essa sequência de análises veiculadas pela *Globonews* não deixa dúvidas: o pior já tinha passado e já dava para voltar a defender o indefensável sem sorriso amarelo.

Como num sublime espetáculo de balé moderno, a coreografia jornalística foi completando a metamorfose política. Como o interesse geral pelo assunto ia decaindo sem que Maduro apresentasse atas confiáveis provando sua vitória, surgiu a grande sacada estratégica, assim noticiada pelo UOL:

"Quem diz que ganhou não deve temer nova eleição — diz Amorim sobre a Venezuela."

Resolvido! Se não deu para provar que a eleição NÃO foi roubada, faz outra! Quem "diz que ganhou" (olha a arte da diplomacia brasileira) haverá de ganhar de novo, se não for roubado de novo. Irretocável.

"Brasil propõe repetir eleições até que Maduro ganhe", traduziu um jornal venezuelano. Por que não? Para os verdadeiros democratas, quanto mais eleição, melhor.

Em carta conjunta, 30 ex-chefes de estado e de governo — incluindo Jose Maria Aznar da Espanha e Mauricio Macri da Argentina — declararam o seguinte:

"É escandaloso para a comunidade de nações democráticas das Américas ver os governos do Brasil, Colômbia e

México se juntando ao propósito do ditador Nicolás Maduro de se manter no poder e até promover para isso novas eleições na Venezuela."

Tradução: os "mecanismos diplomáticos" brasileiros eram uma cumplicidade escandalosa com os crimes de um ditador.

Por causa de percalços desse tipo, a imprensa seguia seu caminho sinuoso, avaliando a cada curva se estava pegando mal ou se dava para avançar. E surgiam análises na contramão, como essa no *Estadão*:

"Cai a máscara: Lula nunca foi defensor de qualquer democracia", escreveu Fabiano Lana.

Esse tipo de sinceridade deveria ser proibido na imprensa. Por isso é tão importante a regulação, defendida pelo próprio Lula. Claro! Você pensa que é agradável escutar uma coisa dessas, depois de tantos momentos felizes com a imprensa amiga? Isso magoa. Muito melhor como foi na eleição de 2022, quando a alusão à amizade de Lula com ditador era considerada desinformação.

Desinformação é pouco. Tudo que contraria a nossa catequese parajornalística deveria ser considerado deseducação, deslibertação, descivilização, desamor, desorientação, descompreensão, desempatia e descombate ao ódio. Nada de parcimônia na criação de novos pecados.

Como assim, Lula nunca defendeu democracias? Olha o que o governo dele declarou sobre a eleição de Maduro:

“O governo brasileiro saúda o caráter pacífico da jornada eleitoral de ontem na Venezuela e acompanha com atenção o processo de apuração.”

E bota atenção nisso! O que seria do reinado chavista sem a atenção meticulosa do governo brasileiro? Sem falar da “jornada eleitoral”. Quem escreve bonito assim só pode ser democrata.

Já o presidente argentino Javier Milei reagiu de forma um pouco diferente: “Ditador Maduro: fora! A Argentina não vai reconhecer outra fraude”.

Que sujeito antipático.

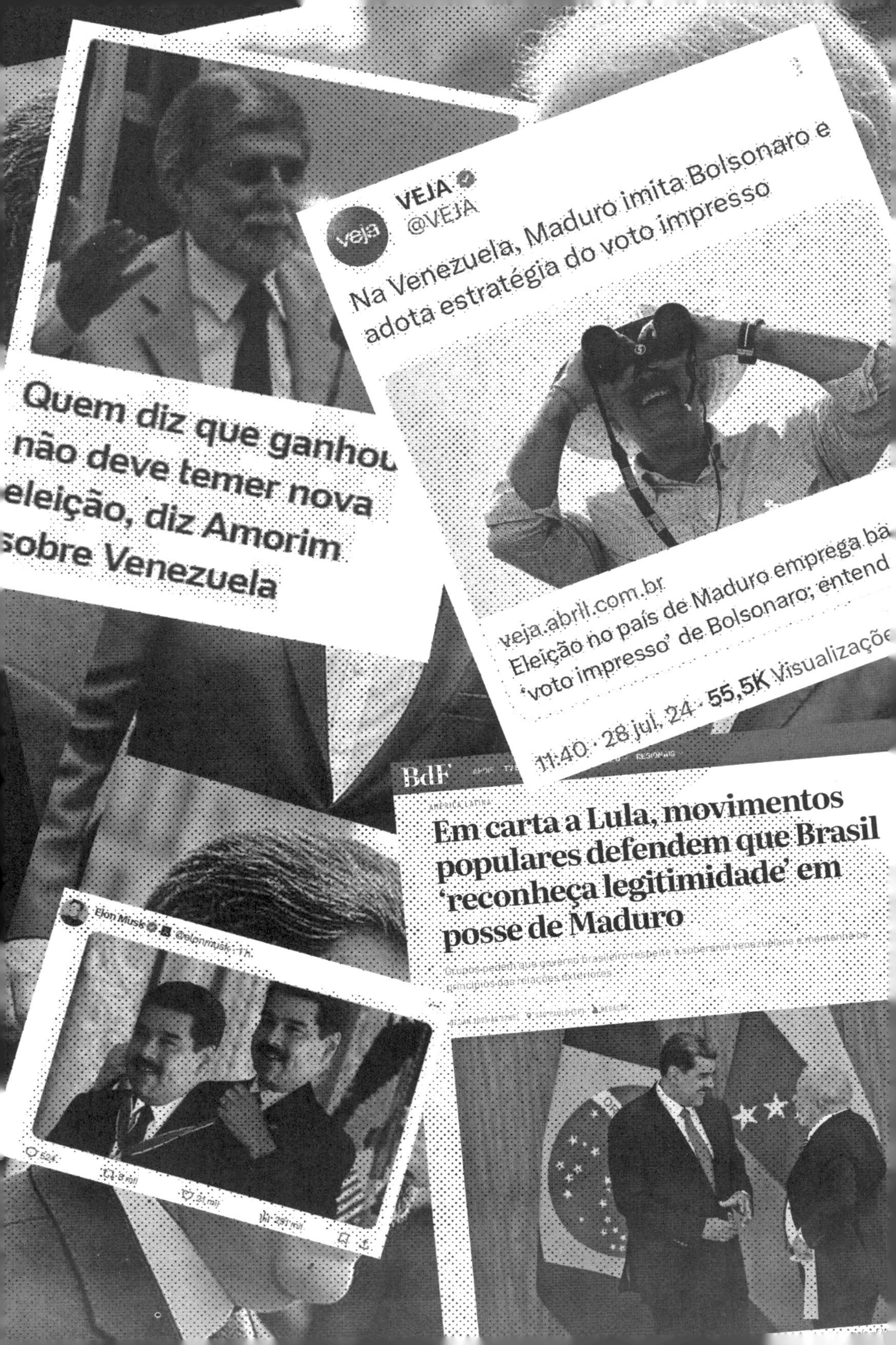

Quem diz que ganhou
não deve temer nova
eleição, diz Amorim
sobre Venezuela
VEJA
@VEJA
Na Venezuela, Maduro imita Bolsonaro e
adota estratégia do voto impresso
veja.abril.com.br
Eleição no país de Maduro emprega ba
‘voto impresso’ de Bolsonaro; entend
11:40 · 28 jul. 24 · 55,5K Visualizaçõe
BdF
Em carta a Lula, movimentos
populares defendem que Brasil
‘reconheça legitimidade’ em
posse de Maduro
Elon Musk

O Globo
https://oglobo.globo.com
Com 'Ainda estou aqui', Brasil
encara fantasma da ditadura
30 de jan. de 2025 — O filme "Ainda Estou Aqui" traz à tona o fantasma da ditadura militar no Brasil, gerando debates e reflexões na sociedade. Com ...
UOL Notícias
https://noticias.uol.com.br
Sem punição, 'fantasmas' da ditadura voltam, alerta ...
14 de jan. de 2025 — Fernanda Torres e Walter Salles insistem: se os crimes da ditadura não forem julgados e punido
'Passado que não passa': historiador comenta sobre atualidade do filme 'Ainda Es
Aqui'
O GLOBO 100 | Cultura
Cultura
Com 'Ainda estou aqui', Brasil encara fantasma da ditadura
Sucesso de bilheteria e indicações ao Oscar e outros prêmios internacionais fazem levantar discussões na sociedade sobre semelhanças entre passado e presente do
Jornal O Dia
@jornalodia
Fernanda Torres alerta sobre o retorno do "fantasma" da ditadura em evento em Nova York. #FernandaTorres #Ditadura #Brasil #NovaYork #ODia
odia.ig.com.br
Fernanda Torres fala sobre ditadura no Brasil: 'Fantasma voltou à vida' | Brasil | O Dia

CAPÍTULO 3

OSCAR DE EFEITOS ESPECIAIS

SE NÃO FOSSEM ESSES HERÓIS, EM VEZ DO FANTASMA DA DITADURA, ESTARÍAMOS FALANDO NO FANTASMA DA LAVA JATO — E AÍ, COMO DIZIA O SAMBA, NÃO FICA UM, MEU IRMÃO

A NOSSA SAGA EM DEFESA DO INDEFENSÁVEL não poderia ficar sem um reconhecimento superlativo. É bem verdade que já fizemos história — e ninguém jamais haverá de negar que na terceira década do século 21 o jornalismo mentira chegou ao apogeu. Mas isso é pouco pra nós.

A gente sempre quis muito, mesmo que a nossa sanha parecesse ser modesta. A gente jura que não presta. A vida, sim: essa presta (a nossa, de regabofe em regabofe). E uma conjunção tão feliz de filosofia colegial com bajulação providencial sob indefectível cara de pau não poderia ter outro desfecho: o Oscar!

Sim, o Oscar de efeitos especiais é nosso. Ninguém jamais tinha conseguido usar o cinema para uma obra de ficção tão arrojada: Lula, o herói da democracia. Nós conseguimos o impossível: colocar em segundo plano o filme em si, transformando-o quase num pretexto para uma campanha propagandística sem precedentes — toda voltada para exaltar, enaltecer e enxaguar o grande líder do PT.

Em entrevista antológica à CNN internacional, o diretor Walter Salles declarou que seu filme, *Ainda estou aqui*, era produto da volta da democracia no Brasil. Ele nem conseguiria lançar sua obra se não fosse a eleição de Lula. Entendeu o poder dos efeitos especiais? Forjar uma censura retroativa não é para qualquer um. Ainda mais numa situação em que o cerceamento à liberdade de expressão tenha ocorrido, na verdade, em favor do seu aliado. Não basta talento. É preciso muita desinibição.

A tática foi perfeita. Retratar um drama ocorrido numa ditadura mais de meio século atrás não bastava. Era preciso dar contemporaneidade ao tema. Esquentar a pauta, como se diz nas redações. Foi aí que surgiu o fantasma. Não existe? Fique de olhos bem abertos que você vai vê-lo agora.

A fórmula é até simples: se o abuso do Estado para esmagar o direito do indivíduo ocorreu no século passado, você fecha os olhos para o presente (e para o que os seus aliados andam fazendo) e diz que o inimigo vai reencarnar aquela brutalidade morta e enterrada. E o que você precisa fazer para demonstrar isso? Nada, bobo! Basta falar! E contar com a gente para o espetáculo das manchetes siamesas, claro. Olha como ficou bonito:

"Sem punição, 'fantasmas' da ditadura voltam, alerta Fernanda Torres em NY" (UOL).

"Com *Ainda estou aqui*, Brasil encara fantasma da ditadura" (*O Globo*).

"O fantasma da ditadura brasileira" (*Veja*).

"O fantasma da ditadura segue vivo" (*Folha de S.Paulo*).

"Com *Ainda estou aqui*, Brasil encara fantasma da ditadura" (SWI — SwissInfo).

"Com *Ainda estou aqui*, Brasil encara fantasma da ditadura" (UOL).

"Walter Salles revive fantasma da ditadura militar em Veneza" (*Correio do Povo*).

"Fernanda Torres alerta sobre o retorno do 'fantasma' da ditadura em evento em Nova York" (*O Dia*).

E você achando que sabia o que era uma boa coreografia... O que é o Bolshoi, o que é O Lago dos Cisnes, o que é Bob Fosse e os musicais da Broadway perto do bailado simétrico das nossas manchetes? Nada! Não há sincronia mais bela e precisa sobre a Terra do que o nosso noticiário magnificamente bem ensaiado.

Às vezes você pode ter tido, no balé das manchetes acima, a sensação de repetição. Então fique sabendo: não foi uma sensação. Foi repetição mesmo! E que problema há nisso?! Já notou quantas notas repetidas há numa sinfonia de Beethoven? Shakespeare não repetiu à vontade o verbo "to be"? As rimas de Fernando Pessoa não estavam cheias de palavras e sons repetidos, sem que ninguém tivesse deixado de achá-lo genial por causa disso?

Então a gente repete quanto quiser as nossas manchetes e ninguém tem nada com isso. Até porque, no caso de um fantasma, como se trata de uma criatura muito pálida, quase transparente, é preciso muita repetição — para que a sobreposição o torne visível. Na enésima vez que mencionamos o "fantasma da ditadura" você começa realmente a enxergá-lo. E mais do que isso: se a Nanda falou, tá falado.

Nada como se guiar por uma pessoa que sabe o que diz. Na inesquecível visita da atriz à Assembleia Geral das Nações Unidas, ela contou que estava lá porque precisava ver o discurso de Lula pessoalmente. De fato, é um espetáculo que arrepia a gente. Enquanto alguns menos afortunados têm que se contentar com a literatura da corrupção passiva e a filosofia da lavagem de dinheiro, pessoas diferenciadas podem sorver, ao vivo, toda a sublime sabedoria de Lula — o estadista resgatado de um passado terrível pelos heróis da democracia.

Se não fosse essa gente corajosa, em vez do fantasma da ditadura, hoje estaríamos falando no fantasma da Lava Jato — e aí, como dizia aquele samba, não fica um, meu irmão. Mas podem ficar tranquilos que isso não vai acontecer. Não pensem que as nossas manchetes aceitam qualquer assombração. Nosso jornalismo tem critério.

E se a sua existência terrena te permite, nos píncaros dos píncaros da glória, tirar foto com Lula e Janja em Nova York, o que dizer da vida? A vida presta! Foi com esse dizer sublime, seminal, disruptivo, visionário, dialético, semiótico e **paralelepípedo** que a Nanda resumiu tudo. Quantos poetas, quantos filósofos, quantos pensadores ascenderam ao ponto de ter uma frase sua estampada numa camiseta da Janja? A Nanda teve.

E não foi uma camiseta usada casualmente na praia. Foi o traje escolhido para anunciar uma sessão privê de *Ainda estou aqui* no palácio! Ainda estou aqui no palácio para dizer que a vida presta — e muito! — quando se tem amigos dispostos a dizer ao mundo que todo aquele lodaçal foi um grande mal-entendido; que a flor do pântano é a encarnação única e insubstituível da providência democrática; que sem aquele patinho feio tornado cisne com envergadura de pedalinho personalizado tudo seria treva e censura aos nossos filmes redentores; que usar dramas do passado para forjar heróis de mãos sujas no presente vale a pena!

Até chegar à camiseta da Janja, a frase da Nanda atravessou toda a nossa linha de montagem de prestígio pré-fabricado. Vamos ter que pedir desculpas novamente aos coreógrafos da Broadway, mas ninguém sabe ser tão bem ensaiado como nós:

"Fernanda Torres reage à indicação ao Oscar 2025: 'A vida presta e muito'" (CNN).

"A Vida Presta: Fernanda Torres ganha bloco de Carnaval em São Paulo após indicação ao Oscar" (G1).

"A vida presta: Uma reflexão sobre o legado de Fernanda Torres" (*Folha de S.Paulo*).

"Fazer a vida 'prestar' é uma questão existencial que transcende as conquistas externas e convida a olhar para o interior" (continuação *Folha*).

"'A vida presta' é uma frase de Fernanda Torres que pode ser interpretada como uma reflexão sobre o sentido da vida, o bem-estar e a saúde" (Google).

Você acaba de assistir a uma aula de como se forma o saber e o conhecimento humano. Você só não sabia que era tão rápido e tão fácil. Mas fique atento para não sair por aí confundindo útil com fútil. É só um "f" a mais. Cuidado com ele.

Uma frase que virou instantaneamente lema existencial, ensaio jornalístico, saraivada de manchetes, bloco carnavalesco e propaganda governamental, com certeza logo será também tese acadêmica, *best-seller* e mais um *blockbuster* num cinema perto de você. Pelos próximos séculos, os filósofos estudarão a frase da Nanda em toda a sua profundidade, e os religiosos extrairão dela todo o seu poder vital e transcendental.

Mas todo cuidado é pouco. Como forma de proteger a humanidade de algum déspota que queira censurar essa frase essencial e revolucionária, o programa *Outra Coisa*, vanguarda do jornalismo mentira, fez uma reportagem investigativa sobre possíveis alternativas para "A vida presta". Seguem os resultados:

- A vida é viva
- Viver é estar vivo
- Ser vivo presta (menos os imprestáveis)
- Viver é existir
- Existir é viver
- Existir vale a pena
- Não existir também pode valer (vai saber)
- Viver é não morrer
- Ser humano é não ser desumano
- A humanidade é uma unanimidade
- Toda humanidade é burra (ops! não faz camiseta com essa, não)
- O homem é o lobby do homem
- A águia é o lobby da mulher
- O lobby é o homem da loba
- A loba é a águia do lobby
- O lobby presta
- O lobo não presta
- O lobo é o bolo do homem
- O bolo é o lobo da mulher
- O boulos é o loubos do lules
- Ouvirem do Ipirangue às margens plácides

- O povo é do polvo
- O povo presta (serviços pra mim)
- O polvo também presta (serviços pra mim)
- O dólar presta
- A libra presta
- A hidra infesta
- A vidra fresta
- O Prost frustra
- O Proust prostra
- O Pluto rosna
- Plutão enrosca
- Platão entorta
- Filosofia importa
- Poesia presta
- O céu presta
- O mar presta
- O luar presta
- O Luiz Carlos Presta
- O presto barba
- A soberba presta
- A cara de pau presta
- A picaretagem presta (o prêmio é seu, querido!)
- O creme condensa
- O crime compensa
- O tempo não para (ou não passa, dependendo de onde você esteja)

- O amor é lindo
- Lindo é o amor
- Eu presto
- Você não presta
- E fim de papo.

Mas nada de precipitações. Felizmente a democracia voltou ao Brasil e enquanto essa gente boa estiver no palácio, "A vida presta" vai continuar prestando, livremente, na camiseta da primeira-dama e no gogó do herói que segundo a lenda espantou o fantasma da ditadura. Claro que o mínimo que ele tinha a fazer era ligar para o diretor de *Ainda estou aqui* e agradecer-lhe pelo banho de loja. Foi o que Lula fez quando saiu o resultado do Oscar:

"Querido Walter, a gente não tem muito o que falar quando a gente percebe que um brasileiro é capaz de se superar numa arte que até então me parece que só americano ganhava."

O presidente estava sentado no gabinete presidencial e a ligação fez Walter Salles Jr. se sentir "honrado". Não era para menos:

"Conseguiu lavar a alma do brasileiro", disse Lula a Waltinho, como mostrou manchete de *O Globo*. Uma alma lava a outra, diz o ditado. E lava a jato, porque tempo é dinheiro. Se for dinheiro do BNDES, as juras de amor podem virar juros camaradas, a perder de vista. Foi aí que a aprovação de um crédito de 32 milhões de reais do banco público para uma das produtoras de *Ainda estou aqui* confirmou: a vida não só presta, como empresta.

Com as credenciais invejáveis de quem recebe um telefonema pessoal de Lula, algoz da ditadura imaginária, o Querido Walter foi em frente e disparou contra Trump — se dizendo preocupado com a "fragilização da democracia" nos EUA após a eleição presidencial de 2024.

Certíssimo, o Querido Walter. Inclusive porque Trump abriu a caixa-preta da USAID e mostrou uma fortuna desviada da ajuda humanitária para interferência política em várias partes do mundo. Isso pode fragilizar mesmo as democracias — especialmente aquelas inventadas pela nossa propaganda matreira. Censura até segunda-feira. Fiado, só amanhã.

"Governos autoritários surgem e desaparecem no esgoto da história", declarou Walter Salles Jr., "enquanto livros, canções e filmes ficam conosco." Ficam mesmo. *Ainda estou aqui*, por exemplo, ficará conosco como o filme usado para misturar o drama de Rubens Paiva com a reputação de um governo petista mais de meio século depois. Ao contrário dos que desaparecem no esgoto, os que mergulham nele como se estivessem numa piscina olímpica não desaparecerão jamais.

A intrépida equipe do nosso jornalismo mentira conseguiu acesso ao tapete vermelho e realizou a melhor entrevista do festival:

— Parabéns pelo filme.

— Dê os parabéns ao Lula.

— Foi ele quem dirigiu?

— Não.

— Foi ele quem patrocinou?

— Não.

— Foi ele quem inspirou?

— Não.

— Por que então parabenizá-lo?

— Porque se não fosse ele, o filme não existiria.

— Ah, ele produziu.

— Não.

— Distribuiu.

— Não.

— Divulgou.

— Também não.

— O que ele fez, então?

— Foi eleito.

— Certo. Mas por isso ele tem que ser parabenizado pelo filme?

— Exatamente.

— Pode explicar melhor?

— Claro. A eleição dele impediu que o filme fosse censurado.

— Ah, o governo anterior disse que ia censurar.

— Não.

— Bem... Por que você acha que seria censurado?

— Acho não. Tenho certeza.

— Por que você tem certeza?

— Porque é isso que a ditadura faz: censura.

— Era uma ditadura antes do Lula?

— Era.

— Outros filmes foram censurados?

— Me recuso a responder.

— Por quê?

— É perigoso.

— Mas o Lula não tirou a ditadura do poder?

— Tirou. Mas tem o fantasma da ditadura.

— Ah, é? Onde ele tá?

— Por aí.

— Que medo.

— É assustador.

— Você já viu?

— Vejo toda hora.

— E o que você faz?

— Ligo pro Lula.

— Ele enfrenta o fantasma?

— Só de ouvir a voz dele já me acalmo.

— Que bom. O que ele te fala?

— Cala a boca já morreu.

— Bonito. E se ressuscitar é só até segunda-feira, né?

— Isso. No máximo terça.

— Estourando, quarta.

— Enfim, ninguém tem nada com isso. Ressurreição é um estado de espírito.

— E bota espírito nisso.

— Importante é que a democracia voltou.

— Viva ela! Agora fala um pouco do filme.

— O que mais me emocionou foi o discurso do Lula na ONU.

— Isso tá no filme?

— Não.

— Te perguntei do filme...

— Eu falo do que eu quiser. Não tente me censurar!

— Desculpe. Não foi a minha intenção. O que mais te emocionou no discurso do Lula?

— O Lula.

— Ah, bacana. E quais são as suas principais referências históricas?

— Além do Lula?

— Sim. Se houver, claro.

— Em segundo plano são muitas.

— Pode dar alguns exemplos?

— Claro: Odebrecht, OAS, Atibaia, Guarujá, Bumlai, Vaccari, Delúbio, Cerveró, Duque, Santana, Valério, Comperj, Compar, Abreu e Lima, Silvinho, pedalinho, Valdebran, Gedimar, Freud...

— Ah, você é freudiano?

— Sou. Mas não conta pra ninguém.

Discrição é tudo. Mas se der ruim e começar a pegar mal, basta evocar de novo o fantasma da ditadura. Você não sabe o que é isso. A Nanda sabe:

"Estou muito feliz que muita gente nova esteja pensando o que é viver numa ditadura por causa desse filme, porque não entendia, porque cresceu na democracia e acha que é de graça", disse a estrela de *Ainda estou aqui* à *Globonews*. "Ditadura é um negócio pesado, é um negócio muito ruim."

Bota ruim nisso! Imagina parlamentares sendo censurados na tribuna e a polícia invadindo gabinetes no Congresso! Imagina autoridades usando o Estado para esmagar indivíduos à margem do processo legal! Ainda bem que a vida presta e o Lula, a Janja, a Nanda e o Waltinho não viram nada disso na rota Brasília-Los Angeles-Nova York.

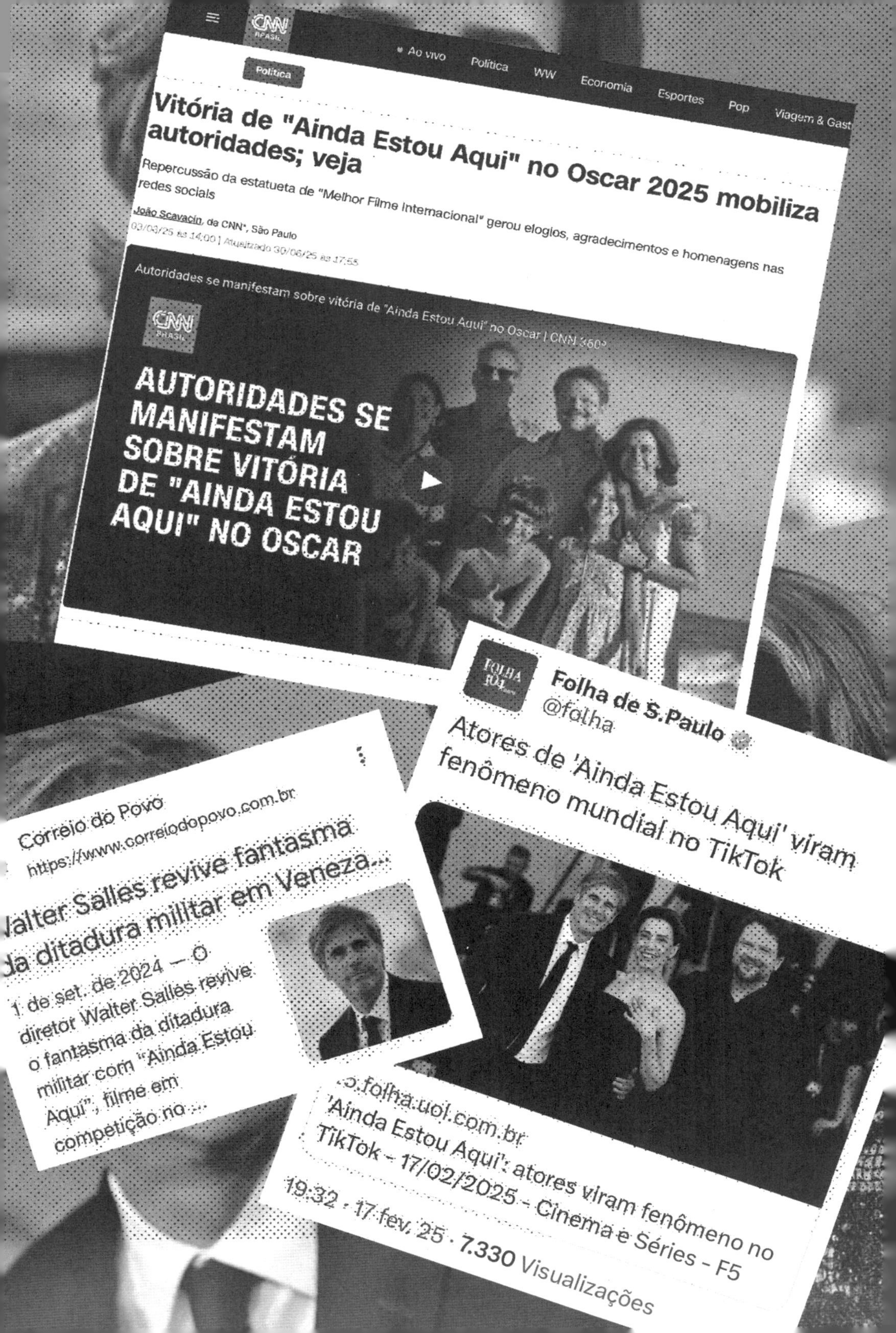
CNN BRASIL
Ao vivo
Política
WW
Economia
Esportes
Pop
Política
Vitória de "Ainda Estou Aqui" no Oscar 2025 mobiliza autoridades; veja
Repercussão da estatueta de "Melhor Filme Internacional" gerou elogios, agradecimentos e homenagens nas redes sociais
João Scavacin, da CNN*, São Paulo
Autoridades se manifestam sobre vitória de "Ainda Estou Aqui" no Oscar | CNN 360°
AUTORIDADES SE MANIFESTAM SOBRE VITÓRIA DE "AINDA ESTOU AQUI" NO OSCAR
Folha de S.Paulo
@folha
Atores de 'Ainda Estou Aqui' viram fenômeno mundial no TikTok
'Ainda Estou Aqui': atores viram fenômeno no TikTok – 17/02/2025 – Cinema e Séries – F5
19:32 · 17 fev. 25 · 7.330 Visualizações
Correio do Povo
https://www.correiodopovo.com.br
Walter Salles revive fantasma da ditadura militar em Veneza...
1 de set. de 2024 — O diretor Walter Salles revive o fantasma da ditadura militar com "Ainda Estou Aqui", filme em competição no ...

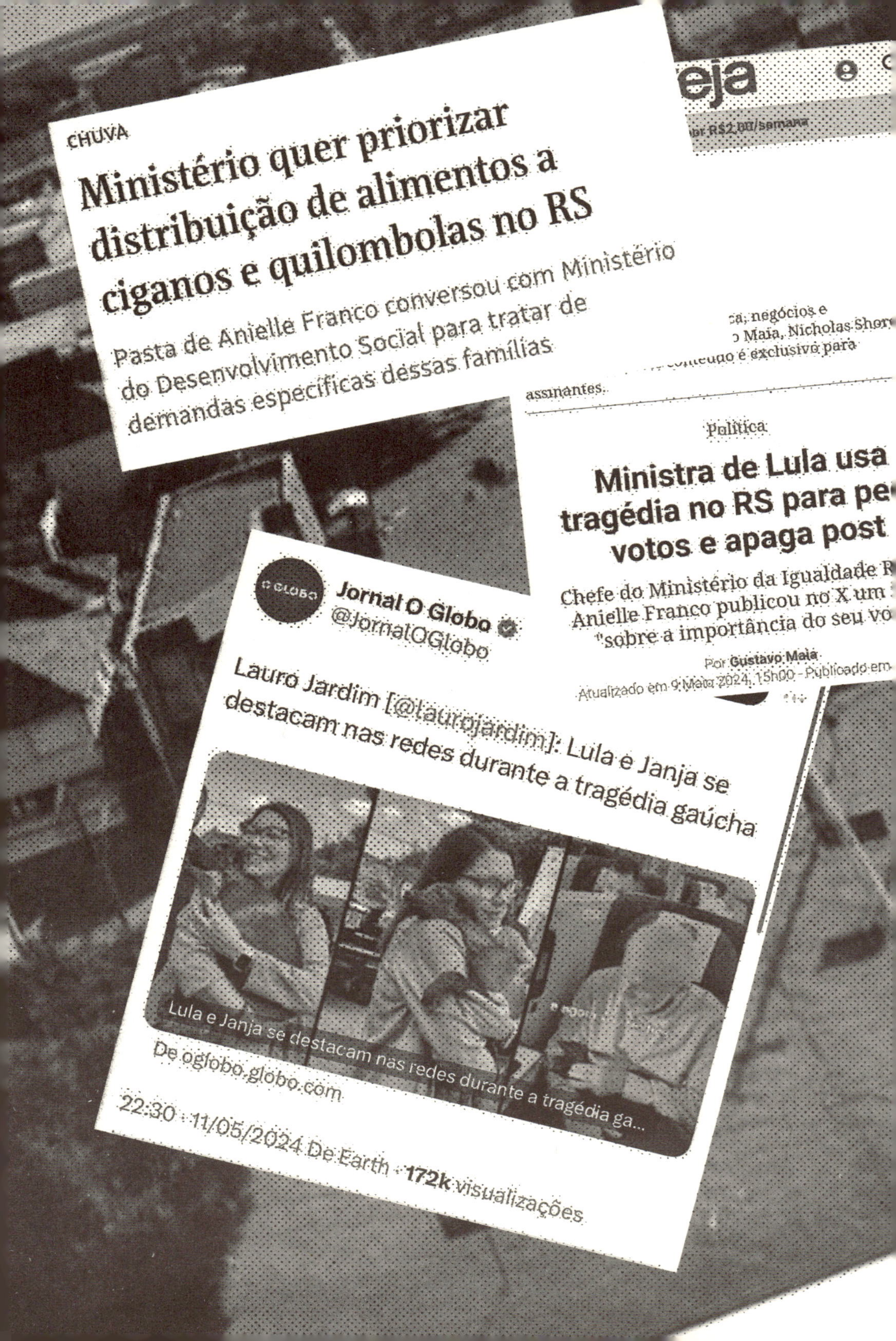

CHUVA

Ministério quer priorizar distribuição de alimentos a ciganos e quilombolas no RS

Pasta de Anielle Franco conversou com Ministério do Desenvolvimento Social para tratar de demandas específicas dessas famílias

eja

por R$2,00/semana

ca, negócios e

o Maia, Nicholas Shor

conteúdo é exclusivo para assinantes.

Política

Ministra de Lula usa tragédia no RS para pe votos e apaga post

Chefe do Ministério da Igualdade R Anielle Franco publicou no X um "sobre a importância do seu vo

Por Gustavo Maia

Atualizado em 9 Maio 2024, 15h00 - Publicado em

Jornal O Globo
@JornalOGlobo

Lauro Jardim [@laurojardim]: Lula e Janja se destacam nas redes durante a tragédia gaúcha

Lula e Janja se destacam nas redes durante a tragédia ga...

De oglobo.globo.com

22:30 · 11/05/2024 De Earth · 172k visualizações

CAPÍTULO 4

NARRATIVA ANTIESTATAL

JÁ PENSOU SE TODO MUNDO COMEÇASSE A ACHAR QUE O PT ERA UM PÂNTANO DE TRAMBIQUEIROS? AÍ TODO UM PROJETO REDENTOR IRIA POR ÁGUA ABAIXO

ANTIGAMENTE A IMPRENSA tinha uma aura de fiscal dos poderosos. Felizmente isso acabou. Hoje o nosso negócio é poder — e o pretexto é o que menos importa.

Como cada vez menos gente confia na gente (não sabemos por quê), tivemos que dar uma recalibrada nas ambições. Não dá mais pra ser o “Quarto Poder”, como em outros tempos? Tudo bem. Garante pra gente um poderzinho — qualquer poderzinho — e fica tudo certo.

Foi assim que invertemos espetacularmente aquele princípio de que imprensa de verdade é oposição. Não é que a gente tenha adotado uma linha editorial favorável a determinado governo. Nós resolvemos fazer parte de um clube.

E no que o nosso clube virou governo, nós mandamos às favas os escrúpulos de consciência, rasgamos a fantasia e decidimos ser felizes jogando a nossa história no lixo. História pra quê? Quem vive de passado é museu.

Lançando mão desse truque maravilhoso que é acusar de "desinformação" os que a gente quer que calem a boca, aproveitamos as enchentes no Rio Grande do Sul para criar mais uma barreira de proteção ao nosso clube. As autoridades foram muito eficientes na perseguição aos que tentavam ajudar as vítimas por conta própria. E nós ajudamos a disparar acusações de "*fake news*" contra os que denunciavam multa e detenção de caminhões carregados de suprimentos para os flagelados.

Depois essas malditas redes sociais acabaram mostrando que isso de fato aconteceu. Mas o nosso trabalho foi tão bom que até hoje deve ter muita gente em dúvida sobre o que foi verdade e o que foi mentira. É gostoso demais quando a gente consegue confundir a opinião pública a esse ponto. Não pense que é fácil. Sucesso não cai do céu.

"Perfis denunciados pela Secom por desinformação sobre o RS mantêm ataques e reforçam narrativa antiestatal", noticiou *O Globo*.

Foi muito importante esse princípio novo ter sido estampado numa manchete. "Narrativa antiestatal" é um conceito essencial para a democracia moderna. Críticas a governos fazia a sua avó. A sua avó e o Millôr Fernandes, o

Barbosa Lima Sobrinho, o Chico Anysio, o Dias Gomes, o Juca Chaves, o Carlos Castello Branco, o Bussunda, o Marcio Moreira Alves, o Sergio Porto, o João Saldanha e mais uns outros. Acabou isso.

Agora se descobriu uma coisa perigosíssima que é questionar atos de governo. Onde já se viu? Um meliante digital desses que bota defeito numa administração sensível como a do PT pode estar colocando vidas em risco! Sim, porque narrativa antiestatal é uma coisa que se espalha muito rápido. De repente todo mundo pode passar a achar que o PT é um pântano de trambiqueiros — e aí lá se vai todo um projeto redentor por água abaixo.

Quando casas e vidas dos gaúchos estavam indo por água abaixo, a ministra do Planejamento falou das ações escalonadas que ocorreriam a seu tempo. É isso aí. Tempo rei, sempre governando tudo. Planejar é fundamental, nada de açodamento. O que atrapalha é a desinformação.

"RS: Secom pede investigação de perfis que compartilharam *fake news*", noticiou o Metrópoles.

Foi acionado inclusive o Ministério da Justiça, em plena calamidade, para caçar esses malditos transgressores antiestatais. Chega a comover a missão da imprensa numa hora dessas — praticamente um braço da polícia do pensamento oficial contra essa gente má. Os flagelados do Rio Grande jamais esquecerão essa ação corajosa e cheia de empatia.

Também é inesquecível a ação das colunas sociais em meio à catástrofe:

"Lula e Janja se destacam nas redes durante a tragédia gaúcha", noticiou Lauro Jardim em *O Globo* — com fotos do presidente e da primeira-dama acolhendo bichinhos de estimação.

Foi de fato um destaque e tanto. A diferença para os destaques das escolas de samba ou das partidas de futebol era apenas a carga dramática. Só muita empatia na causa para explicar o ranking da solidariedade e sua dimensão espetacular.

E tudo ficou ainda mais espetacular com a chegada da Madonna. Aí foi a apoteose. Em meio a uma das maiores tragédias ambientais da história do país, a ministra do Meio Ambiente achou que era uma boa celebrar a diva do pop:

"Muito honrada por ter sido lembrada no show da Madonna ao lado de brasileiras e brasileiros de imenso valor, contribuição artística, política e social de nosso país. Muito obrigada, Madonna!", declarou Marina Silva, ao ver sua foto no telão da cantora na praia de Copacabana.

A emoção da Marina contagiou o Brasil. De fato, lembrarem dela num show tão importante foi um desafogo para um país dividido entre as enchentes e as queimadas. Talvez por isso Luciano Huck tenha declarado, sorridente ao lado da popstar, que Madonna "ajudou a curar um país dividido". É isso mesmo. A cura vem de repente, de onde menos se espera.

“Brasil tem recorde de queimadas nos quatro primeiros meses de 2024”, noticiava a *Folha* na véspera do show.

E daí?! — rebateu o Brasil ao ver Marina Silva no telão, ao lado de Che Guevara e outros ícones da humanidade. Vamos pensar grande, pessoal! Viva a ministra pop! Parem com a narrativa antiestatal!

O ministério do Lula deu show durante as enchentes. Além da Marina arrasando no telão da Madonna, teve a aula de empatia da Anielle. A ministra da Igualdade Racial achou que o momento era propício pra caçar voto — e disparou sem medo de ser feliz:

“Sobre a importância do seu voto: diante da tragédia do Rio Grande do Sul, nosso Governo investiu mais de R$ 1,5 bilhão para saúde, adiantamento de benefícios sociais, auxílio aos desabrigados, garantia de alimento e energia. Ações necessárias que só um governo que se preocupa com as pessoas faz.”

E continuava como água morro abaixo e fogo morro acima:

“Amanhã é o último dia para regularizar ou tirar o título de eleitor para votar nessas eleições. Se você ainda não fez isso ou conhece quem não tenha feito, corre pra fazer. Votar em quem atua em prol da vida das pessoas e do povo brasileiro é o que faz a realidade mudar.”

Senso de oportunidade é tudo. Ninguém que não atua “em prol da vida das pessoas” saberia ser tão empático. A alquimia que transforma sofrimento em votos não é pra qualquer um.

Dois dias depois, o desastre:

"Ministra de Lula usa tragédia no RS para pedir votos e apaga post", noticiou a *Veja*.

É por essas e outras que tem que regular as redes sociais. Essa massa ignorante não entende um gesto de empatia e vem com discurso de ódio. Aí uma mensagem bonita como essa precisa ser apagada. Basta de intolerância!

Mas Anielle Franco mostrou que está acima desses instintos rasteiros. Em sua busca desenfreada pelo bem, levantou a ideia de priorizar ciganos e quilombolas na distribuição de alimentos às vítimas da enchente. Excelente ponto. O ministério é da Igualdade Racial, mas todo mundo sabe que uns são mais iguais do que outros.

A preocupação com a alimentação dos flagelados era tanta que o governo federal fez um leilão para comprar arroz. Aí o leilão teve que ser anulado após denúncias de irregularidades e o secretário de Política Agrícola caiu. Ninguém poderia esperar um incidente como esse num governo do PT. A pressa de ajudar é inimiga da perfeição.

Ou talvez tenha sido a chamada ecoansiedade. Como todos sabem, essas mudanças climáticas estão deixando todo mundo baratinado. Elas causam enchentes e queimadas (dependendo de quem esteja governando) e podem — por que não? — ter confundido os responsáveis pelo leilão de arroz.

Duvida? Pois saiba que os impactos dessa síndrome podem ser bem maiores do que você imagina.

Matéria da BBC Brasil na época das enchentes no RS fez uma revelação impressionante.

"Ecoansiedade: esse sentimento de angústia relacionado aos impactos do aquecimento global e dos eventos extremos no planeta tem levado cada vez mais pessoas a desistirem de ter filhos."

Viu? Ora, se os eventos extremos chegaram ao ponto de desencorajar a paternidade, podem muito bem ter levado a uma compra de arroz de quem não tinha arroz pra vender. Está tudo muito confuso, e o tratamento da ecoansiedade deveria ser colocado imediatamente como prioritário — antes que coisas piores aconteçam.

Também durante a calamidade gaúcha, a *Folha de S.Paulo* revelou a escalada de um fenômeno chamado luto ambiental:

"Desespero, raiva e sensação de fracasso atingem cientistas climáticos diante da falta de ações efetivas", noticiou o jornal.

E olha que toda hora fazem reunião em Nova York, cúpulas e Cops. Mas o problema persiste. Talvez fosse o caso de a Madonna colocar mais gente no telão. Enfim, tudo deve ser tentado.

Mas é bom não perder de vista quem são os vilões — especialmente quando falamos nessas síndromes psicossociais.

Tanto o fracasso quanto o desejo de não fracassar podem esconder o mal maior:

"'A ideia de nunca desistir é fascista', diz psicanalista."

Essa matéria da *Folha* coloca os pingos nos is. Se correr o bicho pega, se ficar o bicho come:

"Mas desistir também pode desembocar em fascismo. É o que acontece quando minorias são excluídas da política", complementa a matéria.

Ou seja: desistindo ou não desistindo, você é um fascista em potencial. A não ser que você apareça no telão da Madonna, ou faça o L, ou seja um psicanalista que aparece na *Folha* ou faça pescaria de votos em inundação. Do contrário é bom ir se explicando, antes que seja tarde.

Para evitar o surgimento de fascistas como você, nós, os missionários da bondade, estamos fazendo a nossa parte. Inclusive já denunciamos o surgimento da Internacional Fascista:

"Brasil virou epicentro de movimento extremista global", analisou o ICL Notícias.

E adivinha quem está com as digitais nesse movimento? Ele, sempre ele, o bilionário mimado que tentou atrapalhar a ocultação de cadáver em Butler — operação dificílima, porque o cadáver em questão estava vivo.

Só o fato de fazer foguetes andarem de ré já fariam dele um suspeito — porque todo mundo sabe que pra frente é que se anda. Mas foi o repórter investigativo Joaquim Teixeira, nosso enviado especial ao Quinto dos Infernos, quem matou a charada da ingerência de Elon Musk na política brasileira: segundo fontes, um dos objetivos da compra do Twitter seria influenciar a formação da Câmara de Vereadores de Jequié.

O problema é que a Internacional Fascista deixou rastros na geopolítica baiana e o nosso repórter descobriu tudo.

Fascistas são conhecidos por espalhar *fake news*. E nós, que somos os guardiões da verdade, estamos determinados a usar todo o nosso conhecimento científico para combater esse mal. Quer uma prova? Aí vai:

"*Fake news*: UFF inaugura centro de combate à desinformação", noticiou *O Globo*.

Dá ou não dá uma sensação de confiança na civilização?

Leia essa manchete quantas vezes quiser — e respire aliviado. Um centro de combate à desinformação dentro de uma universidade federal em Niterói é praticamente a concretização do sonho iluminista. Chupa, Elon Musk! Não adianta acabar com as mamatas da USAID. As cartilhas da verdade trans já estão espalhadas por aí — e nós vamos recitá-las com a desinibição de sempre.

Como todos sabem, na nossa cartilha, entre outros clichês infantiloides, os árabes são bonzinhos e os israelenses são mauzinhos. Aí, quando o Irã ataca Israel, a gente noticia com jeitinho. No G1, na JP News, no Terra e na Infomoney, entre outros, o Irã "enviou" mísseis e drones a Israel. Nunca se viu um bombardeio tão gentil na história das guerras.

De novo é aquela questão da coreografia que deixa o Bolshoi e a Broadway babando de inveja. De repente todos nós descobrimos, juntinhos, que mísseis podem ser enviados — em lugar de disparados. Você há de convir que fica muito mais humano um ataque assim.

Talvez, quando a nossa desinibição chegar a um patamar ainda mais elevado, possamos escrever que o Irã "enviou cordialmente" mísseis a Israel — que, mal-educado e cheio de ódio, nem agradeceu. Vou passar essa pro pessoal da UFF.

A gentileza e a cordialidade do regime iraniano se materializaram também no financiamento ao grupo terrorista Hamas — que nós evitamos chamar de terrorista, por ser uma palavra cheia de ódio (nós somos cheios de amor). E tem também a beleza da relação entre o Hamas e o PT, que faz muita gente amorosa "relativizar" o massacre sádico de 7 de outubro — com sequestro, tortura e morte de inocentes, incluindo mulheres e crianças —, tratando-o como consequência inevitável da guerra entre israelenses e palestinos.

Foi assim que o bailado das manchetes noticiou um "homem circulando com camisa do Hamas na Câmara dos Deputados".

O sujeito panfletava em favor do grupo terrorista dentro do Congresso Nacional, numa sessão convocada pelo PT, e a palavra "terrorista" não deu as caras nos títulos e subtítulos.

Também não houve bailado de manchetes sobre o que o presidente da República achava da complacência do seu partido com a situação.

Conduta perfeita da imprensa. Isso poderia configurar "narrativa antiestatal". Faltou o Hamas no telão da Madonna.

Edmar Bacha

O Brasil podia decolar, mas Lula abandonou reformas e não deixa

Economista diz que pais do Real acreditavam que estabilidade traria desenvolvimento, mas ciclo foi interrompido pelo PT

REAL 30 ENTREVISTA

Edmar Bacha, 82

Valor Investe
@valorinveste
Seguir

Brasileiro não aceita que hiperinflaç[ão] volte, diz um dos pais do Plano Real

valorinveste.globo.com
Brasileiro não aceita que hiperinflação volte, diz um dos pais do Plano Real

9:45 · 24 jun. 24 · 3.000 Visualizações

g1

ELEIÇÕES

Armínio Fraga, Edmar Bacha, Pedro Malan e Persio Arida declaram voto em Lula no 2º turno

Em nota, economistas criadores do Plano Real afirmaram: "Votaremos em Lula no 2º turno; nossa expectativa é de condução responsável da economia".

[Atua]lizado há um ano

Revista Oeste @revistao... · 18h
Lula acusa Campos Neto de ter 'lado político' e de trabalhar para 'prejudicar o país'

Lula acusa Campos Neto de ter 'lado...

De revistaoeste.com

CAPÍTULO 5

O TRANSFORMISMO MACROECONÔMICO

MESMO COM TODO O APARATO DE CINISMO DO NOSSO JORNALISMO MENTIRA, ÀS VEZES A ACROBACIA MORAL É TÃO ARROJADA QUE OS SINTOMAS DE ENJOO E TONTURA NOS PARALISAM

A VIDA MICROSCÓPICA é um dos nossos universos prediletos para a fabricação de fatos. Uma dimensão que ninguém enxerga e pode afetar a vida de todo mundo é perfeita para a ação dos nossos cientistas de ocasião. O mesmo podemos dizer da economia.

Os números não mentem, mas isso não é problema para nós. Desde que bem coreografados, eles podem contar histórias lindas em cenários de ruína. Foi assim que nós escrevemos a página mais impressionante do jornalismo *à la carte* — conseguindo a façanha de inocentar o PT pelo desastre econômico do PT. Pura magia.

Tudo começou com a manobra mais ousada da história da intelectualidade moderna. Numa espécie de força-tarefa hipnótica, vários dos mais respeitados economistas brasileiros se uniram para dar um recado surpreendente ao Brasil: a solução para a gestão do país era o PT.

No primeiro momento, pareceu um mal-entendido. Afinal, no grupo estavam vários dos autores e executores do Plano Real — cuja implantação o PT tinha tentado dinamitar de todas as formas. Num olhar apressado, não parecia possível que Edmar Bacha, Armínio Fraga, Pedro Malan, Elena Landau, Persio Arida e outros nomes consagrados da economia nacional estivessem declarando apoio a Lula na eleição de 2022. Afinal, Lula e seu partido eram adversários históricos do plano de estabilização monetária e responsabilidade fiscal.

Mas era isso mesmo. Esses e outros luminares não só declararam, como recomendaram o voto em Lula. A opinião pública não estava vendo coisas: os maiores representantes do legado do Real não estavam apenas recusando apoio à política econômica de Paulo Guedes, que tinha no seu centro a responsabilidade fiscal. Não era uma postura de abstenção da escolha eleitoral, por eventual falta de identificação com os candidatos postos. Era um apoio ostensivo e manifesto a Lula.

O eleitorado imediatamente entendeu que aquilo deveria significar algo sobre o que seria uma volta do PT ao Palácio do Planalto: talvez um governo de coalizão que abrigasse os consagrados princípios macroeconômicos em detrimento do notório populismo petista. Mas não era nada disso.

Quando o novo governo Lula tomou posse em 2023, nenhum desses gênios estava no ministério. Nem em lugar nenhum da administração federal. Nem havia discípulos ou indicados seus encarregados de ajudar a conduzir a economia. O que se viu foi apenas e tão somente a velha mobília partidário-sindical mais do que conhecida do público — Mercadante, Pochmann, Haddad, Gleisi, Lupi e cia. Os heróis do Real afiançaram os que afrontavam seu legado — e sumiram do mapa.

É o tipo de situação que excita o jornalismo moderno. Como já explicado neste livro, a arte de defender o indefensável é nossa razão de viver.

"A inflação deste ano é uma boa notícia", estampou *O Globo* em dezembro de 2023 — mostrando que a imprensa amiga não mediria esforços para transformar lixo em luxo.

"INFLAÇÃO SAUDÁVEL — Inflação anual do Brasil se mantém dentro da meta do Banco Central", prosseguiu *O Globo*, redefinindo o conceito de saúde com grande maestria.

O governo Lula chegaria à sua metade com a inflação estourando a meta — e aí isso já não chegava a ser "saudável" aos olhos clínicos da imprensa amiga. Mas tudo tem solução.

"'A culpa é do agronegócio', diz leitora a respeito de inflação sobre alimentos", noticiou a *Folha de S.Paulo*.

Como é sabido, os leitores da *Folha* são notícia nas horas cruciais. Transformar em manchete uma frase de porta de banheiro é um dos expedientes corajosos do jornalismo moderno.

"Nossos ancestrais não faziam três refeições por dia. Então, por que nós fazemos?", foi a manchete analítica de *O Globo* em meio à disparada da inflação dos alimentos.

A grande imprensa precisa ter, acima de tudo, senso de oportunidade. E como o presidente da República andava aconselhando ao consumidor não comprar os itens que estivessem caros, essa análise antropológica brotou repleta de sentido. Afinal, não se tem notícia de que nossos ancestrais morressem de fome só porque faziam uma refeição a menos. É tudo uma questão de hábito.

Numa conjuntura em que começaram a aparecer grades protegendo certos produtos nas prateleiras dos supermercados, era preciso buscar análises mais sofisticadas. O portal R7 noticiou muito oportunamente a explicação da ministra Simone Tebet. Como se sabe, o auge da sofisticação para justificar uma situação dessas é botar a culpa na natureza e no governo passado:

"A ministra do Planejamento e Orçamento, Simone Tebet, disse que os preços dos alimentos estão altos não apenas por motivos climáticos, mas também por falta de planejamento no passado, o que inclui o desequilíbrio fiscal que leva à depreciação do câmbio: 'É claro que tem fatores climáticos, é claro que tem certas situações — juntou tudo: é café, é ovo, é carne. O café deu um problema no Vietnã, e na nossa safra também. Mas é também porque nós não planejamos no passado'."

Certos conceitos são tão precisos que se bastam. "O café deu um problema no Vietnã" é uma afirmação tão eloquente que poderia, sozinha, justificar tudo. O fato de que os indicadores macroeconômicos apontavam para a gastança do governo como fator decisivo para o estouro da inflação não interessaria a ninguém. Nessas horas, todos os olhos se voltam invariavelmente para o Vietnã — e para o aquecimento global, claro.

Aí aconteceu uma coisa chata. O Plano Real completou 30 anos, e não teve jeito. Lá foi a imprensa entrevistar os economistas que criaram e implantaram a nova moeda em julho de 1994. E agora fazia pouco mais de um ano e meio que eles tinham afiançado o voto em Lula. Bem que eles podiam ter sido poupados desse sorriso amarelo.

Mas foi legal porque ninguém constrangeu ninguém. Apesar da paisagem desagradável — explosão dos gastos públicos, da inflação, dos juros, do câmbio e do risco — da janela para dentro estava tudo bem. Nossa imprensa elegante sabe se comportar, e não perguntou aos cérebros do Real nada que remetesse a essa visão desalentadora. O momento era de comemoração e não havia espaço para o baixo astral.

Foi assim que a *Folha de S.Paulo* trouxe a manchete antológica:

"Edmar Bacha: Brasil podia decolar, mas Lula abandonou reformas e não deixa."

Que pena! O Brasil "podia" — vamos repetir: podia! — decolar, mas não deu. Poxa vida, que azar! E não deu por quê? Porque "o Lula não deixa". Quem não deixa? O Lula! Mas quem é Lula, gente? Ora, não sabe quem é Lula? Não tem problema, a gente te explica: Lula é o candidato do Edmar Bacha. É aquele que virou presidente com apoio do Edmar Bacha.

Ué? Como assim? Essa história não tá batendo. Este livro foi revisado? Parece que deixaram passar um erro grosseiro aí no texto.

Não, não foi isso. Acaba de chegar aqui a informação: o livro foi devidamente revisado. E este trecho em especial passou por 30 revisões, realizadas por dez pessoas diferentes — exatamente porque ninguém conseguia acreditar que a redação estivesse correta.

Após o maior número de checagens e rechecagens da história do livro no Brasil, foi liberado para publicação este texto desconcertante, portador de uma mensagem só assimilável por cérebros privilegiados e nervos de aço: Edmar Bacha se juntou a outros pais do Plano Real para apoiar Lula e, no segundo ano de governo, Lula era a razão dos problemas do país.

"Economista diz que pais do Real acreditavam que estabilidade traria desenvolvimento, mas ciclo foi interrompido pelo PT", destacou a *Folha*, na entrevista de Bacha.

Então os pais do Plano Real foram surpreendidos pelo PT? Será que algum malvado disse a eles em 2022 que Lula era outra pessoa e eles acreditaram? Será que os maiores economistas da história do país acharam que o PT era um partido recém-nascido e Lula um novato na política?

Vamos ver esse outro trecho destacado pela *Folha*:

"O crescimento não veio como a gente esperava. Por que não veio? Bom, nós fizemos 8 anos de reformas, mas aí veio o PT e fez 15 anos de 'desreformas'."

Como é que é?! O Edmar Bacha recomendou em 2022 o voto num partido que fez 15 anos de "desreformas"??

Olha, essa é complexa demais pra nós. Mesmo com todo o aparato de cinismo do nosso jornalismo mentira, há momentos em que a acrobacia moral é tão arrojada que os sintomas de enjoo e tontura nos paralisam. Normal, faz parte dos desafios da profissão.

Mas não pensem que isso nos fará recuar. Ao contrário. Depois do susto, uma manobra radical como essa só nos fortalecerá — e seguiremos com mais coragem ainda na nossa missão de enganar o respeitável público.

O fato é que calhou de a inflação reiniciar sua trajetória explosiva bem no aniversário de 30 anos do plano que a controlou — e com a bênção dos autores desse plano! Bagulho doido, mano.

"Brasileiro não aceita que hiperinflação volte", disse Pedro Malan ao *Valor Investe*.

Claro que o brasileiro não aceita. Quem aceita que a hiperinflação volte é quem votou e recomendou o voto nos autores de "15 anos de desreformas" (fora a parte das páginas policiais).

Mas nada disso haverá de nos acanhar. Quer ver?

"Calorão estressa galinhas e ajuda na disparada do preço dos ovos" (*O Globo*, fevereiro de 2025).

Bem que a Simone Tebet alertou para o perigo das mudanças climáticas. E vocês achando que o descalabro nas contas públicas era inflacionário. Disseram bem: ERA! Isso foi no tempo em que Bacha, Malan e cia eram contra as desreformas. Depois que liberou geral, gastança governamental não estressa nem as galinhas, quanto mais os índices de preços.

É bem verdade que no início do governo do amor, o mesmo estresse das galinhas tinha aparecido em explicações sobre o baixo preço dos ovos. Mas isso é que nem o voto para presidente dos pais do Real em 2022: não é coisa pra ficar lembrando.

Nosso repertório é suficientemente vasto para só olharmos em frente. Não pensem que vamos nos resumir às galinhas estressadas. A subida da inflação também é causada pela subida do dólar. E a subida do dólar também é causada pela subida da inflação. E nós somos inocentes. E os nossos protegidos de estimação são inocentes. E os nossos malvados de estimação são os culpados. E fim de papo.

"Lula credita inflação dos alimentos a alta do dólar, 'arapuca' do Banco Central e aumento de exportações", publicou o G1.

Se o Lula falou, é porque é. Falou, não: creditou — o que é mais convincente ainda. E não dá para governar com arapucas maldosas na vizinhança.

Por isso o presidente da República resolveu acusar o presidente do Banco Central, Roberto Campos Neto, de ter "lado político" e de agir para "prejudicar o país". Uma declaração de estadista que deve ter enchido Bacha, Malan e cia de orgulho do seu voto. Ato contínuo, o PT entrou com uma ação contra Campos Neto às vésperas da divulgação da taxa de juros (Selic) do BC. Um clima de intimidação saudável, comum em qualquer democracia bandoleira.

Aí o dólar cismou, sabe-se lá por que, de passar dos 6 reais e bater o recorde histórico. Culpa de quem? O *Metrópoles* deu a pista:

"Gleisi reage a dólar a R$ 6 e cobra Campos Neto: 'Crime contra o país'."

No *Financial Times*, Haddad ampliou o diagnóstico:

"Mercado financeiro está chateado que governo Lula deu certo."

Bando de invejosos.

No meio do fogo cruzado, nossa reportagem investigativa conseguiu uma entrevista com quem estava no centro do problema e poderia esclarecer melhor do que ninguém as causas:

— Sr. Dólar, por que o senhor chegou a 6 reais?

— Porque eu quis.

— Não é assim não, companheiro.

— Por que não?

— Porque uma extravagância dessas precisa ser justificada.

— O que é "extravagância"?

— No seu caso, superar uma marca estratosférica que nunca tinha sido superada.

— Ué, tudo tem a primeira vez.

— Se começar nesse tom, nós vamos ter problema.

— Já ouvi isso em algum lugar.

— Ótimo. Então se comporte e responda direitinho as perguntas dirigidas a você.

— Respondo se eu quiser.

— Sr. Dólar, vamos deixar uma coisa clara: o fato de o senhor ser uma moeda estrangeira não o exime dos deveres locais. Lembre-se de que o senhor está em solo brasileiro.

— Como é que eu estou no solo se passei de 6 reais? No mínimo estou no espaço.

— Seja como for. É espaço brasileiro. Pode começar a se explicar.

— Tá bom. O que você quer saber?

— Já falei. Por que o senhor rompeu a barreira dos 6 reais?

— Não era uma barreira. Não tinha parede, cancela, nem mesmo porta. Não precisei romper nada.

— Rompeu, sim! E deu motivo pro mercado ficar enchendo o nosso saco.

— Vou repetir: não tinha barreira pra entrar nos 6 reais. Não tinha muro, parede... Aliás, não tinha nem teto, né?

— Isso é uma provocação?

— Não. É uma constatação.

— Quem falou que não tem teto?

— Ué? Vocês não sabem? Não foram vocês que tiraram?

— Não admito esse tipo de acusação! Temos preocupação com a moradia e defendemos os sem-teto.

— Tudo bem. Mas vou estar mentindo se eu disser que vi teto. O que vi foi um negócio chamado calabouço...

— Arcabouço.

— Isso aí. Foi até difícil traduzir pro inglês.

— Como o senhor traduziu?

— Fiz uma tradução livre, não sou lá tão estudado assim.

— Que tradução?

— Falei pro pessoal que "arcabouço" quer dizer aproximadamente "mão no bolso" (dos outros).

— Mentira! Fake news! Desinformação!

— Calma. Você preferia que eu falasse do teto furado? Bolso furado não fica mais simpático?

— Não sei. Você está me confundindo. Você é só uma moeda estadunidense, não venha tentar me dar lição sobre o Brasil.

— Não quis ofender. Só estou tentando responder o que você me perguntou. Vou resumir: passei dos 6 reais porque a porta estava aberta, não tinha teto, o bolso do contribuinte estava furado e ouvi ministros do governo gritando que se tivesse corte de gastos pediriam demissão. Como ninguém foi demitido, pensei: liberou geral. E fui em frente. Estou errado?

— Está completamente errado. Inclusive irei pedir ao companheiro Celso Amorim para cassar seu alvará de funcionamento no Brasil. Dólar não entra mais aqui. Vamos substituí-lo por outra moeda mais empática.

— Fiquem à vontade.

— Então, adeus.

— Adeus.

— Só uma última coisa, senhor Dólar.

— Pois não.

— Pode trocar 50 mil pra minha sobrinha que tá indo pra Nova York?

Contra tudo e contra todos, o governo do amor e da fartura resolveu fazer uma concessão: já que teimavam tanto com esse tema, o Ministério da Fazenda anunciou um pacote de corte de gastos. O resultado foi imediato: ninguém acreditou nas medidas anunciadas e o dólar subiu mais. Essa gente não acredita em nada. É muita falta de fé.

"'Capitalismo desumano é o que temos na mais triste nação de crentes e especuladores', diz leitor."

A *Folha*, como sempre, dando aula de jornalismo na seção de cartas. Se o governo deu certo e o dólar não parou de subir, a culpa só podia ser mesmo do capitalismo desumano. Mas ele não agiu sozinho. Veja a revelação do repórter investigativo Joaquim Teixeira, nosso enviado especial ao Quinto dos Infernos, enumerando as causas da disparada da moeda americana:

"Vento, redes sociais, aquecimento global, piadas, agronegócio, pecuária, Trump, mudança climática, Elon Musk, fenômenos meteorológicos, gabinete do ódio, clima, seca, peido da vaca, racismo, homofoinha, gópi do bozo, kids preto."

Sitiado por esse festival de arapucas, cercado de ódio por todos os lados, o governo do amor chamou a polícia. Não é força de expressão: pela primeira vez na história da humanidade, alguém teve a ideia de enfrentar a taxa de câmbio à mão armada.

Em ofício à Polícia Federal, a Advocacia-Geral da União requisitou a investigação de postagens nas redes sociais — que, segundo a área de comunicação do governo, citando inclusive matéria da *Globonews*, estariam forçando a alta do dólar com *fake news*.

Tá vendo? Capitalismo desumano com falta de regulação das redes sociais só podia dar nisso. Todos contra Lula, um pobre homem bom, perseguido por seu idealismo em defesa da classe trabalhadora. E olha que na *Globonews* já tinham alertado que "atacar medidas públicas é crime" (cuidado aí com o seu discurso antiestatal, seu distraído).

Mas quando a tese da disparada do dólar por causa de um ataque de *fake news* estava quase colando, veio o anticlímax:

"Galípolo nega que alta do dólar seja causada por ataque especulativo", noticiou o Metrópoles.

Sinta o drama: a essa altura, o presidente do Banco Central já era Gabriel Galípolo, indicado por Lula — e não dava mais para culpar o Campos Neto por tudo.

É muito triste quando se perde um vilão perfeito — no caso, com o bônus de se poder sempre botar o avô no meio (Roberto Campos, economista de direita, ministro no governo militar etc.). Bastaria dizer que o dólar estava na estratosfera porque o Campos Neto é mau — e correr pro abraço, com a imprensa amiga confirmando tudo.

Na falta do vilão perfeito, o jeito era montar a narrativa perfeita: esses fascistas das redes sociais espalharam desinformação envolvendo o Banco Central (que agora era vítima) e o mercado aproveitou para especular violentamente, forçando a desvalorização do real. Mais uma ótima oportunidade para jogar o peso do Estado em cima dos usuários das redes e proteger um pouco mais a nossa verdade de estimação. Poxa, custava endossar essa tese?

Galípolo não colaborou:

"Não é correto tentar tratar o mercado como um bloco monolítico, como se fosse uma coisa só que está coordenada."

Num piscar de olhos, a tese do ataque especulativo sórdido contra o governo do amor tinha virado pó.

Jornalistas renomadas como Eliane Cantanhêde, Miriam Leitão e Mônica Waldvogel sustentavam que a situação do país era positiva e não justificava as pressões sobre o câmbio e os juros. "Tudo nos dá a fotografia de um país melhor", analisava Cantanhêde na *Globonews*, referindo-se a indicadores como PIB e emprego. Ela argumentava que o sistema financeiro "já não gosta do Lula". De fato, uma pesquisa Quaest mostrava que 93% dos agentes do mercado financeiro acreditavam que a política econômica estava indo na direção errada.

"Taxas de juros de dois dígitos, previsões de inflação mais altas e dívida pública crescente fazem executivos brasileiros de todos os setores pausar planos de investimento até que, eles esperam, um novo presidente seja eleito em 2026", escreveu a agência internacional *Bloomberg*.

"Vende primeiro, pergunta depois", era outro artigo da Bloomberg distribuído mundialmente sobre o pânico geral com os ativos brasileiros: "Os investidores estão perdendo a fé na capacidade do governo de conter uma crise fiscal cada vez mais profunda".

Com Campos Neto ou com Galípolo, a ata do Banco Central ia apontando a expansão dos gastos públicos como fator central na perda do poder de compra da população. Mas Lula matava a crise no peito:

"Ninguém no mercado tem mais responsabilidade fiscal que eu", disse o presidente, conforme manchete da *Folha de S.Paulo*.

Sendo a alma mais honesta do país, como já declarado anteriormente, não havia por que duvidar. Apesar de todos os sinais de deterioração econômica, o negócio era focar na fotografia de um país melhor e tocar em frente.

"Se não gosta do Brasil, vai embora. Mas parem de falar mal do nosso país", disse Luiza Trajano, da Magazine Luiza, no Conselhão do Lula.

É isso aí. Brasil: ame-o ou deixe-o. Alguém já disse isso em outra época, vamos pesquisar aqui.

"Problemas climáticos e disparada do dólar são os principais responsáveis pela alta dos preços dos alimentos", noticiou o *Jornal Nacional*.

Como ninguém chegava a uma conclusão segura sobre as causas do problema, o jornalismo mentira do *Outra Coisa* foi ouvir um especialista. Segue-se a entrevista:

— Todos estão se perguntando por que o ovo está caro. Existe uma resposta científica para isso?

— Sim. Já identificamos a origem do problema.

— Qual é a origem do problema?

— As galinhas.

— O que elas fizeram?

— Ainda estamos investigando. Parece que estão botando menos ovos.

— Será?

— Com certeza. E é deliberado.

— Como assim? As galinhas estão botando menos ovos de propósito?

— Tudo indica que sim. Uma espécie de operação tartaruga.

— Galinha se fingindo de tartaruga?

— Mais ou menos isso.

— Qual seria a intenção delas?

— Atentar contra a democracia.

— Será? Nunca vi galinha golpista.

— Mas tem. Tem golpista por todo lado.

— E quais serão as providências para defender o estado de direito contra a conspiração das galinhas?

— Começaremos propondo uma queixa-crime contra as tartarugas.

— Não eram as galinhas?

— Sim, mas precisamos começar investigando as mentoras intelectuais da operação tartaruga. Quem ensinou as galinhas a botar ovos mais devagar?

— Perfeito. E depois?

— Estamos negociando uma delação premiada com o galo.

— Qual é a expectativa?

— Se apertar, ele cacareja.

— Bem pensado. Vocês estão achando então que a escalada inflacionária foi toda tramada no galinheiro.

— Exato. Como forma de gerar insatisfação na população e facilitar a virada de mesa.

— Interessante. Mas se virar a mesa os ovos se quebram.

— Entendeu o plano fascista? Aí o amarelo das gemas se espalha e provoca aquele efeito patriótico terrível, que nossa inteligência chama de Síndrome da CBF.

— CBF?

— É. Todo mundo com camisa da seleção formando aquele tsunâmi amarelado que a gente detesta.

— Não seria mais fácil proibir o amarelo em todo o território nacional?

— Não queremos nos indispor com nenhuma das cores. Estamos inclusive propondo uma isenção tributária para o milho, que também é amarelo.

— Mas isso não vai causar perda de arrecadação?

— Não. Nós vamos isentar o milho e sobretaxar a galinha, que é a vilã do processo.

— Isentar o milho, sobretaxar a galinha... Assim o preço do ovo não cai.

— Se não cair, a gente espalha que ovo faz mal.

— Genial. Será que cola?

— Com a imprensa amiga espalhando aquelas manchetes iguaizinhas, cola.

— Tá tudo dominado, então.

— Se melhorar, estraga.

— Viva a democracia!

— Abaixo a ditadura das galinhas!

Como apurou o nosso enviado especial ao Quinto dos Infernos, havia uma constelação de causas para a explosão da inflação, do dólar e dos juros. Só o governo do amor era inocente. E como Fernando Haddad foi incluído pela revista *Time* entre os 100 maiores defensores do clima, o clima ficou ótimo. Um ministro da Fazenda assim acaba com qualquer mau humor do mercado.

Chato foi o Milei. Mais uma vez esse sujeito inconveniente, sem a menor empatia, tentando estragar o nosso conto de fadas. E o que ele fez? Tirou a Argentina do buraco em tempo recorde — justamente com um programa rigoroso de equilíbrio fiscal.

Acabar com o déficit em um ano e reduzir a inflação mensal de 25,5% para 2,4% foi um pouco demais. Precisava jogar isso na nossa cara assim, gratuitamente?

Aí estala no ar a pergunta que não quer calar: onde estavam os legisladores que não transformaram em crime a comparação entre o Brasil do Lula e a Argentina do Milei?

E mais: cadê o Edmar Bacha pra explicar que a "desreforma" é a melhor opção?

Não se omitam numa hora dessas, bravos defensores do indefensável!

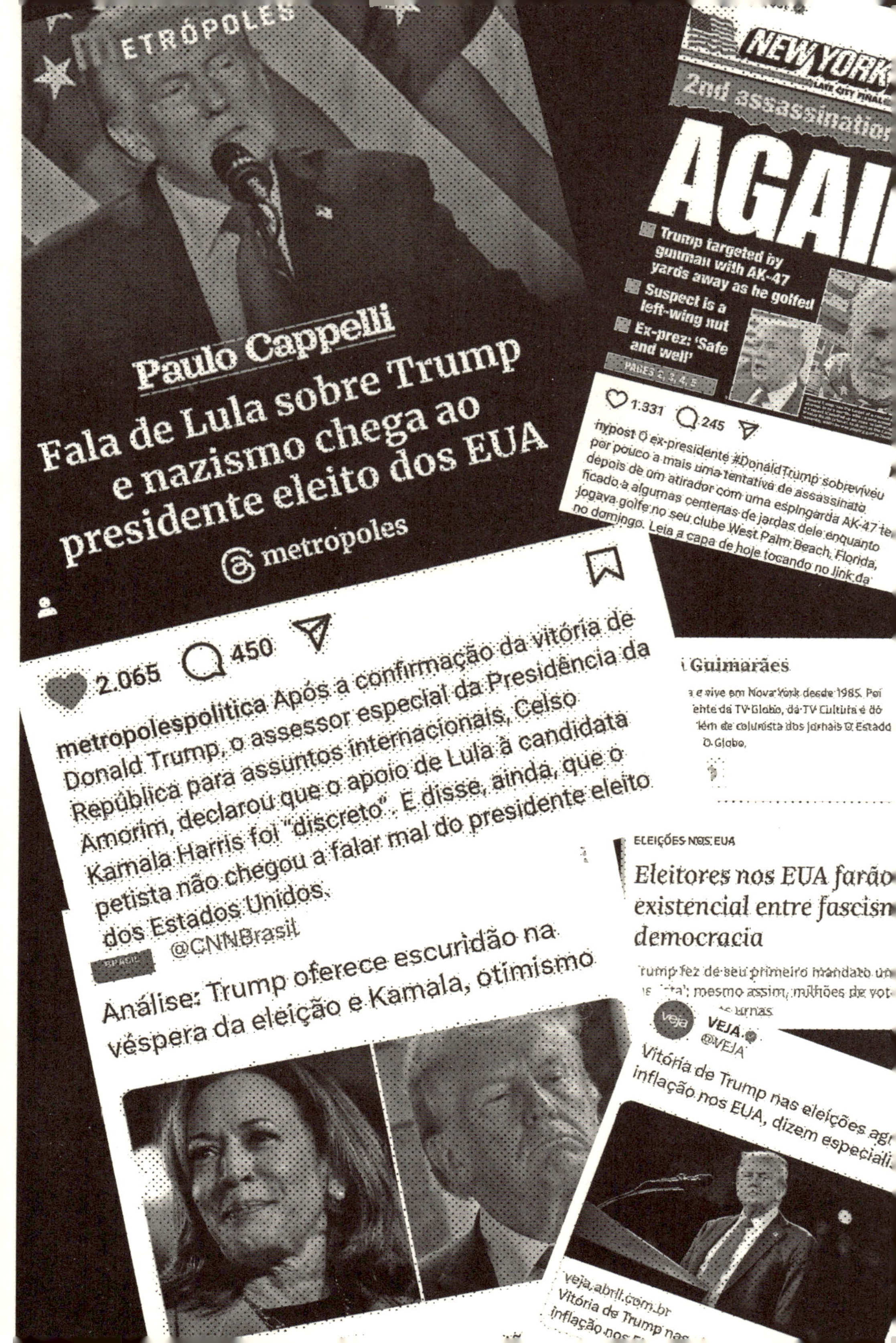
METRÓPOLES
Paulo Cappelli
Fala de Lula sobre Trump e nazismo chega ao presidente eleito dos EUA
metropoles
NEW YORK
2nd assassination
AGAI
Trump targeted by gunman with AK-47 yards away as he golfed
Suspect is a left-wing nut
Ex-prez: 'Safe and well'
1.331
245
nypost O ex-presidente #DonaldTrump sobreviveu por pouco a mais uma tentativa de assassinato depois de um atirador com uma espingarda AK-47 ter ficado a algumas centenas de jardas dele enquanto jogava golfe no seu clube West Palm Beach, Flórida, no domingo. Leia a capa de hoje tocando no link da
2.065
450
metropolespolitica Após a confirmação da vitória de Donald Trump, o assessor especial da Presidência da República para assuntos internacionais, Celso Amorim, declarou que o apoio de Lula à candidata Kamala Harris foi "discreto". E disse, ainda, que o petista não chegou a falar mal do presidente eleito dos Estados Unidos.
Guimarães
e vive em Nova York desde 1985. Foi
ente da TV Globo, da TV Cultura e do
lém de colunista dos jornais O Estado
O Globo.
ELEIÇÕES NOS EUA
Eleitores nos EUA farão
existencial entre fascism
democracia
@CNNBrasil
Análise: Trump oferece escuridão na véspera da eleição e Kamala, otimismo
VEJA
@VEJA
Vitória de Trump nas eleições agr
inflação nos EUA, dizem especiali
veja.abril.com.br
Vitória de Trump nas
inflação nos

CAPÍTULO 6

AO VIVO DO APOCALIPSE

TODO CURSO DE JORNALISMO DEVERIA COMEÇAR COM ESSA MANCHETE DA CNN: "TRUMP OFERECE ESCURIDÃO NA VÉSPERA DA ELEIÇÃO E KAMALA, OTIMISMO"

EM DEPOIMENTO AO CONGRESSO norte-americano, Mark Zuckerberg admitiu ter praticado censura em massa. O todo-poderoso dono da Meta — que inclui o *Facebook*, o *Instagram* e outras mídias — alegou que cedeu a pressões do FBI e do governo Joe Biden.

Essa censura em massa teve larga interferência na política e na vida de indivíduos não só nos EUA — considerando-se por exemplo a manipulação do debate público durante a pandemia. Zuckerberg confessou ter atuado para esconder as denúncias contra o filho de Biden — blindando o presidente contra um grande escândalo.

Nas palavras do dono da Meta:

"Ficou claro que a reportagem não era desinformação russa e, em retrospectiva, não deveríamos ter rebaixado a história."

Foram várias reportagens sobre o conteúdo de um computador de Hunter Biden, onde havia indícios de negócios obscuros com parceiros ucranianos — que teriam a influência de seu pai. As *big techs* atuaram para fazer o assunto desaparecer — fora a perseguição a quem compartilhasse a denúncia.

Nós, os heróis do jornalismo mentira, soubemos de tudo isso. Mas continuamos espalhando que o fascista era o Trump — e era ele quem ameaçava a liberdade de expressão. Esse tipo de rebolado não é difícil para nós, já estamos acostumados.

Ocorre que esse espantalho criado e cultivado por nós sobre a figura de Trump foi transformando-o numa espécie de alvo legítimo. O próprio Biden usou essa expressão — "alvo" — para classificar Trump na campanha presidencial de 2024. Pouco tempo depois houve o atentado da Pensilvânia.

Com as mãos sujas de sangue, nós não recuamos. Continuamos a trombetear que Trump era o fascismo, o inimigo da democracia, o fim do mundo. Nós somos muito resolutos nos nossos propósitos. Algumas horas depois do atentado que não matou Trump por milímetros, Jack Black e sua banda deram o tom. No meio do show, um dos músicos disparou:

"Não errem a mira da próxima vez."

A plateia gargalhou e a imprensa repercutiu.

Não tem problema esse tipo de incitação. Nós caprichamos na montagem do vilão justamente para legitimar todo tipo de barbaridade por parte dos éticos, civilizados e educados. Um mês antes, Jack estivera no evento de arrecadação do Partido Democrata com Biden e Obama — declarando que a democracia estava em risco nos EUA.

Na semana anterior ao atentado, o apresentador David Aaronovitch, da BBC, disse que Biden deveria se apressar em providenciar a eliminação de Trump, porque ele representava uma "ameaça à segurança da América". Ele também deve ter lamentado a falta de mira do atirador.

Foram tantos os pedidos, que dois meses e dois dias depois do primeiro atentado ocorreu o segundo. Só mudou o fuzil — de um AR-15 para um AK-47 — e o novo atirador também se moveu bem à vontade ao redor de Trump. Mas foi detido pela segurança pouco antes de disparar sua arma.

Ryan Routh ficou 12 horas de tocaia num campo de golfe na Flórida, onde Trump jogava. A imprensa ecoou as declarações do filho do atirador, explicando que ele não era uma pessoa violenta — apenas odiava Trump "como todas as pessoas razoáveis o fazem". Tudo certo, vida normal.

A reportagem mitomaníaca do *Outra Coisa* captou um diálogo revelador na região da tocaia:

— Boa tarde.

— Boa tarde.

— O que o senhor está fazendo aí?

— Um piquenique.

— Piquenique com fuzil?

— Isso não é um fuzil.

— Ah, não? É o que, então?

— Um guarda-chuva.

— Guarda-chuva? Acho que estou vendo um gatilho ali.

— Sim, é um gatilho.

— Então não é um guarda-chuva. É um fuzil.

— Engano seu. É um guarda-chuva.

— Guarda-chuva com gatilho?

— Exatamente. É para abrir mais rápido. Às vezes a chuva chega muito de repente.

— Chuva? Mas o tempo está bom!

— Está. Mas pode mudar. Já ouviu falar nas mudanças climáticas?

— Já.

— Pois é. Todo cuidado é pouco. Aliás, cadê o seu guarda-chuva?

— Não trouxe.

— Não?! Como é que você sai pra passear nos dias de hoje, com as mudanças climáticas mudando o clima toda hora, sem um guarda-chuva, seu louco?!

— Não estou passeando.

— Ah, não? Está fazendo o quê?

— Uma ronda. Sou do serviço secreto.

— O quê?! Você é do serviço secreto?!

— Sou.

— E não anda armado de guarda-chuva?

— Não. Ando armado de fuzil.

— Você é louco. Não sabe o risco que está correndo. Mas pode deixar que não vou te denunciar.

— Obrigado. Posso te fazer mais uma pergunta?

— Fala rápido que quero continuar meu piquenique.

— Ok. É rapidinho. Estou vendo que além de um gatilho, o seu guarda-chuva tem um cano. Pra que serve esse cano?

— Se as nuvens estiverem muito pesadas eu atiro nelas.

— Mas aí vai chover.

— Exatamente. E não serei pego desprevenido. Aí é só abrir o guarda-chuva.

— Tá. Mas você promete que só vai atirar em nuvem?

— Claro! Por que essa preocupação?

— Porque aqui do lado é o campo de golfe do Donald Trump.

— Quem?

— Donald Trump.

— Nunca ouvi falar.

— Ah, que bom. Desculpe a indiscrição.

— Imagina. É o seu trabalho.

— Obrigado pela compreensão. Já vou andando, então. Pode me passar só o seu nome, pra botar aqui no relatório?

— Pois não. Aqui está minha carteira de identidade.

— Hum... numa primeira pesquisa estou vendo que você tem antecedentes criminais.

— É verdade.

— Como é que eu posso ir embora sem suspeitar de você?

— Como você mesmo disse, são antecedentes. Antecedente é aquilo que antecede. Ou seja, está no passado. Hoje sou um homem limpo.

— Posso confiar?

— Claro. A prova é que estou há 12 horas no meio desses arbustos fazendo um piquenique, armado apenas de um guarda-chuva. Um criminoso não perderia seu tempo com um programa monótono desses.

— Tem razão. Bom apetite.

— Obrigado. Bom serviço. Cuidado com os criminosos!

— Deixa comigo!

Uma semana depois do novo atentado, o *Washington Post* publicava um artigo acusando Donald Trump e seus aliados de tramarem contra a liberdade de imprensa. A expressão usada era "políticos de direita". "Direita" é uma palavrinha mágica que a gente ama, porque nos transforma sumariamente em doces de coco contra o mal.

Na *Globonews*, um especialista analisando a análise dizia o seguinte:

"O primeiro passo para matar uma democracia hoje, sem tanque de guerra, é minar a liberdade de imprensa falando em liberdade de expressão."

Perfeito! Poderíamos acrescentar: o segundo passo para matar uma democracia hoje é usar a liberdade de imprensa para mentir à vontade com ar de intelectual, esconder os escândalos de quem nos protege, acusar quem não nos protege de fascista e travestir a violência de justiça progressista. E ainda acusar o inimigo de fazer exatamente o que nós, na maior cara de pau, estamos fazendo.

Mas o show não pode parar. Em mais uma semana, a imprensa estava dando ampla cobertura à inauguração de uma estátua gigante de Trump. Pelado. À beira de uma estrada em Las Vegas, o monumento e a excitação em torno dele traziam um significado inequívoco: nós, os virtuosos e civilizados, tínhamos decretado o vale-tudo contra esse cara. E íamos continuar barbarizando em nome da democracia imaginária.

Kamala Harris ia fazendo sua parte com galhardia, lapidando o "alvo" em dueto com a imprensa amiga. Numa entrevista à CNN, deu a manchete que todos queriam: declarou que Trump era fascista, e muito perigoso por ser um admirador de Adolf Hitler.

O ex-prefeito de Nova York Rudy Giuliani comentou a declaração assim:

"Kamala Harris agora está comparando Donald Trump a Adolf Hitler. Kamala sabe que ocorreram duas tentativas de assassinato e incontáveis ameaças à sua vida. Não poderia ser mais claro: isso é um chamado a potenciais assassinos. Uma desgraça."

A resposta de Giuliani foi postada por ele na plataforma X. Antes de Elon Musk comprar o antigo Twitter, isso seria tranquilamente resolvido com a suspensão da conta do ex-prefeito — após alguma acusação de discurso de ódio, desinformação, misoginia ou outro pecado disponível na nossa cartilha. Saudade da eleição presidencial de 2020... Temos que admitir que nesse aspecto a nossa vida ficou um pouco mais difícil.

Mas a orquestra continuou afinada. O videogame "Trump fascista" era muito fácil de se jogar — qualquer analfabeto moral saberia seguir as pegadas de Kamala, a risonha. E a indiferença da imprensa a duas tentativas de assassinato em menos de dois meses — eventos que continuavam "não existindo" no noticiário — dava o tom da desumanização.

Repetindo: valia tudo contra o fascista imaginário. E Obama resolveu suspirar em público, num clamor hilariante pela paz:

"Eu não entendo como ficamos tão tóxicos e assim tão divididos e tão amargos."

Pode parar um pouquinho a leitura para enxugar as lágrimas. Depois de todos os golpes baixos, dedo no olho, mordida na orelha, puxão de cabelo, incitação apocalíptica e confraternização com os que dizem para os assassinos não errarem a mira, uma frase dessas comove.

Certamente Obama estava em consonância com Robert De Niro, com seu alerta conciliatório de que se Trump voltasse à Casa Branca "nunca mais sairia de lá". Espalhar para os repetidores ao redor do mundo que alguém representa um perigo terminal para a democracia é, de fato, um convite à doçura. Também não entendo como ficamos tão amargos.

"Eleitores nos EUA farão escolha existencial entre fascismo e democracia", escreveu Lúcia Guimarães na *Folha de S.Paulo*.

Se não fosse o "existencial", até valeria a pena analisar o postulado. A colunista dizia ainda que o primeiro mandato de Trump tinha sido um "estágio fascista". Com certeza. E a escova de dentes de Trump também era um utensílio fascista.

"Trump é fascista? Historiador proeminente dos EUA diz que sim, mas é cauteloso quanto ao uso indiscriminado do termo", publicou *O Globo*.

Cautela é tudo na vida. Se você achar que um jornal é mentiroso, diga isso cautelosamente e não de forma indiscriminada.

"Kamala está certa ao chamar Donald Trump de fascista?", perguntou a *The Economist*.

Olha a cautela aí! Que gente educada. Claro que ninguém teve a ideia de perguntar como o tiro ao alvo contra

Trump estava comendo solto nas barbas do Serviço Secreto, e se iriam esperar o assassinato se consumar para fazer o seu trabalho direito. Mas isso seria pedir demais.

Aí na cobertura de um comício de Trump no *Madison Square Garden*, a MSNBC teve a brilhante ideia de entremear as imagens do evento com as de um ato nazista ocorrido 85 anos antes no mesmo local. É exatamente essa a função do jornalismo: fazer propaganda desavergonhada e sórdida na cara de todo mundo, porque de sutileza gostavam seus avós.

A carne assada tava tão macia que até turista apareceu para dar a sua garfada.

"Lula sugere que vitória de Trump nos EUA seria 'nazismo com outra cara'", noticiou a *Folha de S.Paulo*.

De novo o show de cautela. Se é nazismo com outra cara, vai que essa cara é bonitinha, né? Não se pode levar a mal uma afirmação dessas. Até porque, como se sabe, a corrupção com outra cara no Brasil deu o maior pé.

A imprensa imparcial estava mesmo decidida a mostrar seu equilíbrio apolíneo nessa disputa. Todo curso de jornalismo deveria começar com esta manchete da CNN Brasil:

"Análise: Trump oferece escuridão na véspera da eleição e Kamala, otimismo."

A matéria era acompanhada de uma foto de Kamala sorridente e outra de Trump com a cara fechada.

Equilíbrio perfeito! Luz e sombra, amor e ódio, positivo e negativo. Nada de oferecer ao público um caminho único.

Quem gosta de escuridão fica na escuridão, quem gosta de otimismo fica otimista e a democracia segue com total liberdade de escolha! Ainda bem que a CNN esclareceu que isso era uma "análise", senão alguém poderia achar que era poesia renascentista.

A BBC também estava obstinada com a objetividade:

"Se Trump vencer, ele fará dos EUA um perdedor global ao derrubar a ordem internacional que existe", publicou a BBC News Brasil.

Como são criteriosos na escolha das análises! O analista da vez dizia que, para Trump, os EUA não precisam de aliança com países democráticos. Como é que o Donald não chama um cérebro desses para construir seu plano de ditadura mundial?

Nas linhas e nas entrelinhas, estava sempre lá a nossa imparcialidade olímpica: Kamala Harris era o novo farol da democracia mundial. E aqui cabe uma nota confessional: a tentativa de construir Kamala como grande estadista foi um dos momentos mais arrojados da história do jornalismo mentira — e, consequentemente, um dos mais divertidos. A gente se esbalda com as nossas piruetas intelectuais. Deu tudo errado e dessa vez não colou, mas valeu a pena pelo nível de ousadia.

Colocar uma pessoa para responder sobre escalada da inflação, aumento de impostos, explosão de gastos públicos e da imigração ilegal basicamente com gargalhadas foi uma delícia. Ninguém nunca viu nada igual — e a gente ama o ineditismo. Mas foi de surpresa! A gente já tinha decidido forçar a barra com o Biden mesmo, dizendo que ele estava no auge da forma. Aquilo foi bem divertido também.

Pouco antes do atentado na Pensilvânia, tentamos fabricar a vitória de Joe Biden no debate televisivo com Trump. Foi de arrepiar. Pelo menos uma dezena de veículos — incluindo âncoras, articulistas, comentaristas e repórteres — repetiu a mesmíssima expressão sobre o desempenho de Biden: "afiado como uma navalha".

Não é exuberante a nossa capacidade coreográfica? E se você lembrar daquele senhor balbuciante tentando a duras penas completar um pensamento, você terá a dimensão do quanto a nossa navalha é cortante.

Bom, aí foi aquilo: o sujeito errou o tiro e o Partido Democrata decidiu imediatamente jogar Biden no lixo. Coincidências da vida. Mas isso ficou bonito também, porque inventamos outra coreografia sobre o desprendimento e a dignidade do velho Joe em favor da democracia, com seu corajoso ato de renúncia.

Uma equipe de elite do nosso jornalismo mentira captou com exclusividade esse diálogo de bastidor:

— Oi, Biden.

— Oi,.Kamala.

— Obama.

— Quem?

— Obama!

— Obama daonde?

— Da Casa Branca.

— Não conheço nenhum Obama da Casa Branca.

— Conhece, sim. É aquele que manda em você. Lembrou?

— Ah, claro! Poxa... Desculpe, chefe. Ando meio distraído.

— Tranquilo, Biden. Distração faz bem.

— Você acha?

— No seu caso é uma maravilha. Tem coisa que é melhor não saber.

— Tá. Então vou continuar sem saber de nada.

— Só tem uma coisa que você precisa saber agora.

— O que é, chefe?

— Biden, querido: não dá mais.

— Também acho.

— Que bom que você compreende!

— Claro que compreendo. E digo mais: quero sair imediatamente.

— Você é um homem consciente.

— Obrigado, Obama. Pronto, saí.

— Como assim, saiu? Eu ainda tenho que escrever a sua carta... Quer dizer, você ainda tem que escrever a sua carta de desistência.

— Ué, pra sair de grupo de *WhatsApp* agora precisa de carta?

— Que *WhatsApp*, Biden? Do que você tá falando?

— Tô falando que tô fora do grupo de *WhatsApp* do Robert De Niro. Não aguento mais o falatório dessa gente.

— Não, querido. Você tá fora da campanha.

— Que campanha?

— Da campanha presidencial.

— De jeito nenhum, Obama. Vou ser reeleito. Você não viu os jornalistas falando que estou afiado?

— Biden... Eles são amigos.

— Meus?

— Não, meus. Quer dizer, são mais que amigos. Mas isso não vem ao caso.

— Você está querendo dizer que eles me elogiaram pra te agradar?

— Eles te elogiaram pra... Deixa pra lá. O fato é que a partir de amanhã você não é mais candidato à Presidência dos Estados Unidos.

— Não?

— Não. Mas pode ficar tranquilo que a imprensa vai dizer que foi um grande gesto. Ninguém vai dizer que você tá gagá.

— Obrigado. Mas o que eu vou ficar fazendo na Casa Branca até o fim do ano?

— O mesmo que você fez nos outros anos.

— Nada?

— Exatamente! Você tá afiado, Joe.

— Que isso, Barack. São seus olhos.

— Falar em olhos, não deixa mais ninguém te ver por aí não, tá?

— Por quê?

— Ah, sei lá. Podem querer te perguntar o que aconteceu na Pensilvânia... Coisas assim.

— O que aconteceu na Pensilvânia?

— Um erro.

— De segurança?

— De mira.

— Sei como é isso. Eu também tenho errado a mira.

— Onde?

— No banheiro.

— Ah, tá. Isso é normal.

— Que bom que você compreende, chefe.

— Claro que compreendo. Receba minha solidariedade, empatia, simpatia, homeopatia, telepatia, resiliência, diversidade, sororidade, onda de ódio, fascista, negacionista, terraplanista, fake news, desinformação, apropriação cultural...

— Tá bom! Tá bom! Chega! Pô, tu tá chato, hein, Obama? O que houve contigo?

— Não sei. Acho que estou fazendo muita palestra por um mundo melhor. Aí quando começo não consigo parar.

— Tem que se tratar, parceiro... Mas então fica combinado assim: eu não falo do erro na Pensilvânia e fico sem fazer nada na Casa Branca, correto?

— Perfeito.

— Só mais uma coisa, chefe.

— Manda.

— Essa eleição vai ser que nem a de 2020?

— Em que sentido?

— Que eu virei o mais votado da história sem precisar de povo.

— Estamos trabalhando para isso.

— O recorde vai ser batido de novo?

— A ideia é essa.

— Então não quero mais desistir.

— Agora já era.

— Por quê?

— Porque agora você já assinou a carta de desistência.

— Assinei? Nem notei.

— Pois é, Joe. Tem coisas que é melhor não saber.

Imediatamente após descartar o afiado Biden, passamos a denunciar a idade avançada do Trump — que é quatro anos mais novo. Enfim, existem navalhas e navalhas.

"Se for eleito, Donald Trump será a pessoa mais velha a ganhar a presidência. Ele não está compartilhando detalhes sobre o seu bem-estar físico e mental", escreveu a *Associated Press*.

Preocupação louvável! Até outro dia, o balbuciante Biden seria a pessoa mais-velha-ainda a ganhar a presidência, mas deve ter compartilhado com a AP todos os detalhes da sua exuberância física e mental — por isso eles não se preocuparam. Transparência é tudo.

Ou seja: passamos do afiado Biden para a radiante Kamala contra o velho senil (Trump). A vice-presidente foi empurrada pelo seu partido para o jogo de qualquer jeito, entrando pela janela na disputa e atropelando todos os ritos partidários, mas se tornou do dia para a noite a Mrs. Democracia contra o fascismo. Às vezes a gente se pergunta como pode ser tão fácil enganar os outros.

O ponto alto do Plano Kamala foi o debate na TV com Trump. Ali nós fizemos história. Como poderíamos fabricar um triunfo com tão pouco material nas mãos? Ora, e a gente lá precisa de material? Joga o que tiver que a gente mata no peito, faz uma embaixadinha e chuta no ângulo.

O que tínhamos ali? Uma candidata que ri? Deixa com a gente:

"Em debate com Trump, as expressões de Harris foram uma arma", noticiou o *The Times*.

Não é genial? A análise se referia ainda à "linguagem corporal" de Kamala, que teria silenciosamente empurrado o debate para um "referendo sobre Trump".

E aí temos que pedir licença novamente, com todo o respeito, aos amadores do Bolshoi, da Broadway e cia diante de mais uma coreografia matadora: as "expressões" de Kamala viraram uma "arma" na imprensa do mundo todo. Não é mágica a nossa sintonia? Dá uma olhada na notícia de *O Globo*:

"Debate Kamala x Trump: expressões faciais da democrata foram arma para provocar e manter republicano na defensiva."

O jornal carioca também repetia a tese, ou melhor, também teve a mesmíssima ideia de dizer que as caras que a Kamala fez se tornaram uma estratégia de sucesso, "desequilibrando" o adversário. Aí você deve estar pensando, com toda razão: quem Winston Churchill pensava que era, se não tinha 1% do repertório de caras e bocas da Kamala? Enfim, estávamos diante de uma revolução.

Tivemos outra ideia muito boa que foi pegar aquela gargalhada esquisita da Kamala para dizer que ela era a "candidata da alegria" contra o autoritarismo do homem branco. Mais um sucesso retumbante, com todos os repetidores dizendo mundo afora que os EUA estavam entre a alegria e o fascismo. É ou não é sopa no mel, o nosso trabalho?

Mas tem momentos duros. O "já ganhou" que fomos criando precisava de algum lastro estatístico. Não que a gente não possa contar com as pesquisas. Mas sem a censura nas redes sociais ficou um pouco embaraçoso afirmar que o fenômeno Kamala era irresistível. De qualquer forma, tentamos:

"A partir do comunicado por escrito feito por Joe Biden, saindo da disputa e já encaminhando a sua vice, de lá pra cá só dá Partido Democrata e a movimentação de Kamala Harris nas mídias, nos Estados Unidos e no mundo. Trump saiu de cena totalmente."

Essa análise apresentada pela *Globonews* é um símbolo da modernidade. Sim, pois antigamente, se um jornalista ou veículo de comunicação aparece com esse sotaque de torcedor, seria imediatamente rejeitado como tendencioso. Hoje, não. Pode gritar "só dá Kamala!" à vontade que vai até ganhar uns seguidores. Não é assim que o prestígio passou a ser medido?

Então, às favas com os escrúpulos de consciência (lembra dessa, né?): "Só dá Kamala!", "Ála-ála-ála, estamos juntos com a Kamala!", "Ê-ô ê-ô, a Kamala já ganhou!". E por aí vai.

"Riso, a arma secreta de Kamala Harris", escreveu a *Deutsche Welle Brasil*.

Essa talvez seja uma das manchetes mais poéticas da história do jornalismo político. Como é muito difícil alguma coisa ser secreta ou discreta em Kamala, especialmente o riso, provavelmente o editor pensou em algum sentido oculto que jamais captaremos — e aí está a beleza da poesia: o enigma.

"Kamala vai vencer por margem sólida porque americanos vivem melhor hoje", publicou a *Folha de S.Paulo*, em artigo assinado por Martin Sandbu.

Veja como a análise política é arriscada. Kamala acabou perdendo por margem sólida, o que coloca outra perspectiva para o raciocínio: e se o desejo dos americanos fosse viver pior? Uma variável como essa pode destruir uma projeção tão bem-feita.

Na véspera da eleição, a CNN fez o seu papel: disse que Kamala tinha 51% das intenções de voto, contra 47% de Trump. Já o analista democrata Simon Rosenberg, citado por Lúcia Guimarães, disse que as pesquisas que davam vantagem a Trump eram ataque à democracia.

Perfeito. Todo mundo sabe que defender a democracia é forjar vantagem apenas para adversários de Trump — como foi com Hillary Clinton, que aparecia disparada até com 90% nas eleições de 2016.

No domingo anterior à eleição, durante a transmissão da Fórmula 1, uma TV aberta dos EUA exibiu, em lugar do tempo dos pilotos, as seguintes informações: "Harris 52%, Trump 47%". Esses estagiários de hoje em dia são muito apressados.

Um gráfico publicado pelo *The New York Times* fazia a média de todas as pesquisas divulgadas na campanha e mostrava Kamala Harris sempre na frente, com boa margem. Isso na véspera da eleição, para não deixar dúvidas.

Uma equipe avançada do nosso jornalismo mentira captou o drama da apuração dos votos nos bastidores da mídia:

— É, acho que deu ruim.

— Calma, tá cedo ainda.

— Você acha que dá pra virar?

— Claro. A mágica tá com a gente.

— Tá demorando a fazer efeito dessa vez.

— Deixa de ser ansioso. Eles vão dar um jeito.

— Enquanto isso o que a gente faz?

— Vamos continuar noticiando o cenário indefinido e a força da alegria contra o ódio.

— Ok. Que tal dizermos que a Marina Silva está cotada para ser a autoridade climática da Casa Branca?

— Acho muito. Vamos por uma linha mais conservadora.

— Vou ver então o que o De Niro tá falando e botamos uma frase forte no ar.

— De Niro tá calado.

— Caramba, aí fica difícil. E a Beyoncé?

— É "Beyônce" que fala.

— Ah, tipo "Kâmala"?

— Exatamente.

— Tá. Onde é o showmício da Beyônce? Vamos dar uma alegrada nessa cobertura.

— Não tem showmício. Tá todo mundo quieto.

— Putz... O que houve com essa gente bonita? Bom, escolhe aí um estado importante onde a apuração esteja mostrando uma tendência pro nosso lado. Vamos passar um clima de esperança.

— Não tem.

— Não tem o quê?!

— Nenhum estado importante tá com uma tendência clara pro nosso lado.

— Porra, não é possível. Cadê a mágica?

— Sei lá.

— Cadê os mortos?

— Acho que estão desanimados dessa vez.

— Aí não dá! Nem com os mortos a gente pode contar mais?

— É, acho que faltou um discurso mais inclusivo.

— E as cédulas noturnas pelo correio? E o eleitorado sem identidade?

— Pois é, nada tá sendo suficiente.

— Mas ainda faltam chegar os votos do Nordeste.

— Nos EUA não tem Nordeste.

— Claro que tem. Todo país tem Nordeste.

— Bom, não adianta especular. Vamos fazer a nossa parte. Bota aí um especialista no ar dizendo que a eleição tá pau a pau, como indicavam as pesquisas.

— Não vai dar.

— Por quê?

— Já era.

— Como, "já era"?!

— *Game over*. Fim de papo.

— Perdemos?

— Perdemos. E agora? O que a gente bota no ar?

— Bota um especialista dizendo que o povo não sabe votar e que houve conluio com a Rússia.

— Mas é pra dizer que a culpa foi do povo ou da Rússia?

— Sei lá, querido. Resolve aí. Joga uma moeda pro alto.

— Tá. Tem que ser de dólar ou pode ser de real?

Donald Trump venceu as eleições presidenciais de 5 de novembro de 2024 no colégio eleitoral e no voto popular, com mais de 5 milhões de diferença. Levou os republicanos a conquistarem maioria na Câmara e no Senado. E o mundo, conforme previsto, acabou.

g1
MUNDO
BLOG DA SANDRA COHEN
Por Sandra Cohen
Especializada em temas internacionais, foi repórter, correspondente e editora de Mundo em 'O Globo'
Eleitores legitimam propostas nocivas de Trump e um futuro sombrio para os EU
Presidente eleito terá mais poder no seg mandato e pretende governar sem controle de sua própria autoridade.
06/11/2024 08h33 · Atualizado há 2 horas
UOL
Josias de Souza
Sobre o autor >
Só para assinantes: Assine UOL
Opinião
EUA optam pelo inferno e forçam o mundo a conviver com o diabo
Josias de Souza • Colunista do UOL
06/11/2024 08h51
Folha de S.Paulo
@folha
'A maior democracia do mundo elegeu Trump com seu discurs antidemocrático', escreve leit
folha.uol.com.br
Eleição nos EUA: leitores de Donald Trump - 06/11/202
21:52 · 06 nov. 24 · 12,5K
É o início do fim da democracia americana?

CAPÍTULO 7

O MUNDO SEM HOMENS

TUDO ISSO COLOCA UMA GRAVE SUSPEITA NO AR: SERÁ QUE TEVE ELEITOR VOTANDO PELA PRÓPRIA CABEÇA?! ESSE ESCÂNDALO PRECISA SER INVESTIGADO

Eis a súmula do fim do mundo:

"EUA optam pelo inferno e forçam o mundo a conviver com o diabo", escreveu Josias de Souza no UOL, assim que foi confirmada a vitória de Donald Trump na eleição presidencial de 2024.

Boa análise. Sóbria. De fato, um sujeito que é colocado no alvo, toma tiro e não morre, só pode ter pacto com o capeta.

Como previsto por dez entre dez arautos do Apocalipse na imprensa mundial, agora o Planeta Terra tinha sido jogado às profundezas do inferno — e só não se sabia se alguém teria a bravura de ser literal. Felizmente as coisas foram chamadas pelos seus nomes, e o diabo, que todo mundo só conhecia de ouvir falar, agora era apresentado em pessoa ao respeitável público.

"É o início do fim da democracia americana?", perguntou a Deutsche Welle Brasil.

Bom ponto. A DW foi aquela que descobriu no riso de Kamala uma "arma secreta". Se nem uma arma poderosa, discreta e simpática como essa funcionou, tudo apontava realmente para o pranto e as trevas.

"Nosso medo é que durante esta presidência ele (Trump) esteja no seu momento mais radical e desenfreado, especialmente se, como o presidente mais velho da América, seus poderes mentais começarem a falhar", escreveu a *The Economist*.

Um alerta muito pertinente. Os poderes mentais de Joe Biden começaram a falhar antes de ele chegar à Casa Branca — e quatro anos depois estávamos dizendo que ele se encontrava "afiado como uma navalha". Sobre os poderes mentais de Kamala Harris não é necessário tecer comentários. O que dá medo mesmo é usar os nossos poderes mentais para cascatear desenfreadamente e constatar ao final que não colou.

"'A maior democracia do mundo elegeu Trump com seu discurso antidemocrático', escreve leitor."

O leitor da *Folha* sempre mostrando nos momentos cruciais que os jornalistas são dispensáveis.

"Eleitores legitimam propostas nocivas de Trump e um futuro sombrio para os EUA", escreveu Sandra Cohen no G1.

A colunista explicou que o presidente eleito pretendia governar "sem controle de sua própria autoridade".

Perigosíssimo, seja lá o que isso signifique.

No meio da súmula do apocalipse, uma cena lamentável. A *Veja* publicou uma foto do jornalista Guga Chacra diante do telão com a apuração dos votos e legendou assim:

"O clima de velório na *Globonews* com a vitória de Trump nos EUA."

Que coisa mais deselegante.

Na *Folha*, o velório, ou melhor, a cobertura continuava com este diagnóstico criativo de Alvaro Costa e Silva:

"Republicano gabaritou a prova de como se tornar um ditador fingindo respeitar a normalidade democrática."

Essas provas são difíceis mesmo. Já a prova de como se tornar um bravateiro fingindo respeitar a verdade dos fatos é moleza, qualquer aprendiz passa.

Aí veio o Bernie Sanders estragar o velório. Senador conhecido por suas posições fortes à esquerda, ele declarou o seguinte:

"Não deveria ser nenhuma surpresa que um Partido Democrata que abandonou a classe trabalhadora descubra que a classe trabalhadora o abandonou. Enquanto a liderança democrata defende o status quo, o povo americano está irritado e quer mudanças. E ele está certo."

Pra que isso, Bernie? Todo um esforço mundial pra construir a ladainha do fascismo e você, opositor frontal de

Trump, vem mostrar em um parágrafo que a eleição dele foi a vontade democrática do povo? Isso magoa, senador.

Mas não foi o único. Pondo a perder todo o nosso esforço de dizer que Trump é contra imigrantes (a gente sempre dá um jeito de omitir o "ilegais" nas notícias), o prefeito de Nova York irrompeu na cena pós-eleitoral dando razão ao vencedor. Defendeu a deportação de imigrantes acusados de crimes e desafiou os simpatizantes do seu próprio partido — o Democrata:

"Podem me cancelar. Eu não ligo."

Essa declaração de Eric Adams atrapalhou bastante a nossa cantilena sobre xenofobia.

Achou pouco? Então toma essa: de repente, do nada, aparece o Zuckerberg doando 1 milhão de dólares para a cerimônia de posse de Trump. Que bagunça é essa?! Até tu, Mark? Depois do lindo trabalho das suas plataformas para demonizar e banir Trump do debate político, você me vem com essa? Que decepção. A gente fica até meio perdido.

E parece que a coisa realmente saiu de controle. Outro a aparecer fora de si foi o dono da Amazon:

"Bezos diz que está disposto a ajudar Trump em seu segundo mandato", noticiou a *Oeste*.

O que deu nessa gente? Se continuar assim a gente para tudo e vai pra praia, porque ninguém vai ficar fazendo esse serviço insalubre sozinho.

Quando tudo levava a crer que não teríamos mais nenhuma carta na manga, surgiu o brado retumbante:

"O mundo sem homens. Em resposta à eleição de Trump, mulheres se inspiram em movimento feminista radical."

O artigo na *Folha de S.Paulo* assinado por Mariliz Pereira Jorge ecoava uma reação internacional. Quem quisesse mostrar seu repúdio à ascensão do diabo em pessoa deveria aderir ao movimento "4B" — no qual as mulheres dizem não a quatro coisas: sexo, casamento, filhos e encontros com homens.

Pronto. O vazio existencial estava preenchido. Trump achou que tinha vencido? Pois agora ia ter que lidar com um *lockdown* antropológico: vamos ver esses machões caindo em desespero sozinhos no mundo. Quem ri por último, ri melhor — e mais alto, como diria Kamala.

"Por que a vitória de Donald Trump prejudica mulheres de todo o mundo", explicava no UOL a colunista Cris Fibe.

Tragicamente, nesse mesmo momento ecoava no Brasil o depoimento da ministra da Igualdade Racial de Lula, dizendo ter sido assediada e molestada repetidamente pelo ministro dos Direitos Humanos. A greve mundial contra o demônio da Casa Branca estava tomando completamente o nosso tempo, por isso o escândalo brasileiro sumiu.

"Na ONU, Brasil se abstém em votação para condenar o Irã por repressão a mulheres", noticiava a *Oeste*.

Esse probleminha também não rendeu manchetes corajosas de repúdio ao governo brasileiro. Mas não era o caso: Lula estava lá em Nova York com a Janja e com a Nanda, e essa mensagem era suficiente para prestigiar a dignidade feminina.

"Trump derrotar duas candidatas mulheres mostra que é tabu enorme nos EUA eleger uma presidente", comentou Vera Magalhães na CBN.

Seria horrível cogitarmos a hipótese de o eleitorado americano ter escolhido quem ele achava que poderia governar melhor o seu país. Então vamos por esse caminho seguro de classificar Hillary Clinton e Kamala Harris como vítimas de preconceito contra as mulheres. Quem sabe se exportássemos Dilma Rousseff pra eles esse tabu caía?

"Por que o apoio de Taylor Swift e Beyoncé não ajudou Kamala Harris", analisava a *Veja*.

De fato isso foi muito estranho. Se somarmos então a Madonna e a Lady Gaga, fica praticamente impossível entender por que Kamala não conquistou a Casa Branca. Sem falar na superforça que nós da imprensa imparcial demos o tempo todo à candidata da alegria. Tudo isso colocava uma grave suspeita no ar: será que teve eleitor votando pela própria cabeça?! Precisamos apurar isso direitinho, porque seria evidentemente uma propensão fascista.

Como foi ficando difícil escolher um bode expiatório razoável para o resultado da eleição, encontramos um caminho alternativo: foi tudo uma jogada do Elon Musk.

"'Papel do X hoje é empurrar pessoas para a direita', diz autor de livro sobre Musk."

A chamada da *Folha de S.Paulo* no dia da eleição já fazia esse seguro — repetido por toda a imprensa imparcial, chateadíssima desde que o X expôs a nossa tentativa patética de minimizar o atentado a Trump.

Anteriormente simpatizante do Partido Democrata, Elon Musk tinha deixado claro que — assim como expôs o próprio democrata Sanders — apoiar Trump era a única forma de modificar uma forma de poder perdida em demagogias e gastanças, em total desacordo com o partido onde um dia brilhou John Kennedy. Aliás, seu sobrinho Robert Kennedy Jr. fez o mesmo percurso — no caso, uma grande guinada para um senador — em direção ao republicano.

Mas a gente continuou matraqueando que o X era de direita, porque foi o que nos restou.

Solene, o inglês *The Guardian* anunciou que pararia de publicar na plataforma de Musk. Quem sabe conseguiríamos, como quem não quer nada, levantar uma ladainha sobre manipulação eleitoral? Mas aí o comportamento das outras plataformas, legitimando o resultado, botou água no nosso chope. E o senador esquerdista Bernie Sanders veio de novo, falando sobre os novos planos de transparência administrativa, complicar a nossa vida:

"Elon Musk está certo."

Cortem, por favor, essa parte na súmula do fim do mundo.

FOLHA
Folha de S.Paulo
@folha
'Gente como o Musk se sente dona do mundo e se julga acima dos Estados', diz leitor
uol.com.br
e como o Musk se sente dona do mundo
lga acima dos Estados', diz leitor - 29/...
ago. 24 · 1.240 Visualizações
CORREIO BRAZILIENSE
JORNALISMO
ANJ diz que bloqueio do X afeta 'o dever do jornalismo profissional'
A entidade disse que diversos veícul
e jornalistas têm relatado dificuldade
no cumprimento de suas missões, j
que sem acesso à plataforma "deix
de ter acesso a visões, relatos e
pensamentos diferentes"
Por Agência Estado
11/09/2024 21:48
NEW YORK POST
POLÍTICA
Casa Branca condena B
por proibir X em luta pe
liberdade de expressã
Elon Musk
PorSteven Nelson
Publicado em 17 de setembro de 2024, 19h2
E
Menu
Leaders | Blocked and reported
As Brazil bans Elon Musk's X, who will speak up for free speech?
Free expression has become a culture war, and those who should defend it are staying quiet

CAPÍTULO 8

O FATOR X

OS HIPÓCRITAS PRECISAM MUITO MAIS DA LIBERDADE DE EXPRESSÃO DO QUE A LIBERDADE DE EXPRESSÃO PRECISA DOS HIPÓCRITAS

O SERVIÇO SUJO DE DEFENDER a censura fingindo estar protegendo a liberdade de expressão é nobre, mas não é simples. Requer talento, desinibição, persistência, coragem e muito, muito sangue de barata.

É bem verdade que quando existe uma interconexão de pessoas de boa aparência fazendo esse mesmo serviço sujo simultaneamente ao redor do planeta, isso nos traz segurança, conforto e até uma certa excitação na execução da tarefa inconfessável. Mas nunca se esqueça de um ponto-chave: sem a construção e a definição clara de um inimigo horrendo, você não é ninguém.

Como já exposto neste livro, às vezes o inimigo precisa ser um fantasma. Não tem problema, se você tiver a possibilidade de associar esse fantasma a alguém de carne e osso. O mais recomendado, de qualquer forma, é eleger uma pessoa viva, com nome, endereço e CPF, para transformar numa caveira. Dá mais credibilidade.

Nesse tema da liberdade de expressão, tivemos a sorte de esbarrar com o Elon Musk. Um megaempresário bem-sucedido que se dispõe a comprar uma plataforma gigante de rede social para enfrentar o monopólio de manipulação das big techs é um presente dos céus. Basta a gente inverter tudo (nossa especialidade) e dizer que ele é quem quer manipular todo mundo.

A gente precisa admitir, contudo, que a confissão do Zuckerberg ao Congresso norte-americano atrapalhou um pouco a nossa narrativa. Poxa, precisava confirmar que usou as plataformas pra censurar e enganar a opinião pública na pandemia? Tava tão bom aquele negócio de chamar todo mundo de negacionista, mandar cancelar geral e tocar a vida em frente... Confessar que manipulou o debate eleitoral em favor do candidato do "deep state", então, foi demais!

O bom é que as pessoas esquecem. E no que o Musk comprou o Twitter, a gente teve a grande sacada: vamos acusar as big techs de quererem mandar nos governos! Não é genial? Depois de anos nos beneficiando exatamente disso — as plataformas interferindo na política através da manipulação da opinião pública —, quando chega um cara agindo no sentido contrário, a gente "descobre" que as big techs são más!

"Deputado alemão propõe bloquear X para conter radicalização", publicou a Deutsche Welle Brasil.

(Aqui vale um registro: ao transformar o Twitter em X, Elon Musk acabou com o modelo de "checagem" que determinava arbitrariamente o que era falso e o que era verdadeiro na rede e sujeitava contas e perfis a suspensões sumárias sem justificativa específica. Em lugar desse expediente instituiu as "notas da comunidade" — pelas quais os próprios usuários contestavam ou contextualizavam alguma postagem que lhes parecesse incorreta. O julgamento final passou a ficar para o leitor. Ou seja: radicalização total!)

Continuando com a notícia da DW Brasil:

"Político verde Anton Hofreiter defende que plataformas devem ser responsabilizadas e até bloqueadas na Alemanha caso se recusem a cumprir a lei e agir contra conteúdos extremistas."

Curiosamente, durante a pandemia, quando as plataformas manipularam grave e ostensivamente a informação em circulação no mundo, não apareceu nenhum verde, nem azul, roxo ou amarelo para ameaçar bloqueá-las. Claro que agora era diferente: quem se atrevesse a criticar a demagogia migratória na Europa virava extremista xenófobo — e o X estava cometendo o pecado de não censurar essas críticas.

Como informado anteriormente: inverter as coisas é a especialidade da casa.

Para o dia 13 de agosto de 2024 — exatamente um mês após o atentado da Pensilvânia — Elon Musk anunciou uma entrevista com Donald Trump, a ser veiculada mundialmente pelo X. Algumas horas antes do início da entrevista, uma carta da Comissão para o Mercado Interno da União Europeia foi endereçada ao proprietário da rede social — basicamente, dizendo a ele e seu entrevistado que tomassem cuidado com o que falassem.

É difícil fazer uma antologia dos momentos mais sublimes da censura embelezada. Mas esse com certeza estará lá — pelo menos como um dos mais divertidos.

O comissário Thierry Breton, da UE, dizia a Musk que ele tinha a "obrigação legal" de garantir que "todas as medidas de mitigação proporcionais e eficazes sejam postas em prática em relação à amplificação de conteúdo prejudicial em conexão com eventos relevantes".

Claro que o verdadeiro "conteúdo prejudicial", no caso, era essa ameaça de censura prévia maldisfarçada, embalada em linguagem imprestável típica da mais ociosa burocracia. Mas ele continuava, dizendo que a não aplicação daquelas medidas poderia "aumentar o perfil de risco da rede social X e gerar efeitos prejudiciais no discurso cívico e na segurança pública".

Entendeu o resumo? Se você "prejudicar o discurso cívico" vai se dar mal.

Naturalmente Elon Musk ignorou a bravata fantasiada de "advertência legal", entendendo imediatamente que aquele burocrata cômico estava tentando desajeitadamente fazer política — na esperança de impedir uma entrevista de enorme audiência com o favorito à Casa Branca. A entrevista aconteceu normalmente, mas o mais marcante foi o que a sucedeu.

A nossa rede de intrigas decidiu jogar todas as fichas na historinha do bilionário mimado afrontando a democracia europeia. Como já esclarecido, a gente tenta de tudo. O que colar, colou.

"Os líderes políticos devem reagir contra os valentões da tecnologia", escreveu o *Financial Times* — com foto de Elon Musk e do comissário Thierry Breton.

Conforme informamos, as big techs agora eram do mal.

"Na União Europeia, o X é investigado por disseminação deliberada de desinformação e conteúdo de ódio", noticiou a *Globonews*, com a cartilha em dia.

"X fechará sede em San Francisco e não deixará saudades: já vai tarde", publicou a *Folha de S.Paulo*.

"Se Musk não cumprir as nossas leis, o X será fechado na Europa", noticiou o *La Repubblica*, ecoando declaração do eurodeputado Sandro Gozi.

Pouco mais de duas semanas depois do conflito em torno da entrevista de Donald Trump, o X estava suspenso no Brasil. A plataforma não acatou determinações do Supremo

Tribunal Federal quanto a certos perfis e postagens consideradas impróprias e retirou sua representação legal do país, por razões de segurança. A um mês e uma semana das eleições municipais, o X saía do ar.

Na véspera da suspensão, a *Globonews* trazia comentários sobre o assunto:

"O mundo precisa encarar de frente os problemas decorrentes das redes sociais", dizia André Trigueiro. "Está muito livre, leve e solto. Liberdade de expressão não é liberdade de agressão. A rede tóxica não pode ser lucrativa nesse nível."

"Musk brinca com o Brasil", afirmou o *Estadão* em editorial, em mais uma variação do "menino mimado". "Inconformado em ter que cumprir decisões judiciais, empresário usa o país como palco de seu show."

"O que há é uma tentativa deliberada de criar um ambiente de influência nas eleições brasileiras, já em 2024", analisou Daniela Lima na *Globonews*.

O repórter especial das quebradas Joaquim Teixeira confirmava essa linha:

"Amanhã tenho uma reunião com o Elon Musk. Ele me solicitou uma lista dos candidatos a vereador de esquerda das cidades de Jacareí, Taubaté, Pindamonhangaba, Bananal, Tremembé, Lorena e Aparecida. Elon tem muito interesse na situação geopolítica dos municípios do Vale do Paraíba."

"'Gente como o Musk se sente dona do mundo e se julga acima dos Estados', diz leitor."

O leitor da *Folha* também deu sua opinião decisiva na véspera do bloqueio do X no Brasil.

Com a suspensão consumada e a rede inacessível para seus 22 milhões de usuários brasileiros, a colunista Nina Lemos da DW Brasil comemorou:

"Apesar do sentimento de perda, meus amigos tuiteiros sentem orgulho pelo Brasil ter sido o primeiro país democrático a tomar uma medida contra Elon Musk."

Quando a democracia avança assim tão rápido dá até vertigem. A colunista já tinha alertado para o "menino mimado que quer reger o mundo".

"Lula critica Musk e diz que mundo está sob ameaça se não regular redes", noticiou o Metrópoles.

Mais orgulho.

O presidente brasileiro estava numa "reunião com países democráticos" em Nova York, paralela à Assembleia Geral das Nações Unidas. Na ocasião, Lula ganhou um prêmio pelo combate à pobreza das mãos de Bill Gates, o bilionário que não é mimado. Inimigo declarado de Musk, Gates foi uma das principais vozes que as plataformas de Zuckerberg não censuraram durante a pandemia. É o excesso de democracia, como diria Lula sobre o regime de Maduro.

De acordo com o Metrópoles, em seu discurso na reunião dos países democráticos Lula declarou que empresas de tecnologia ou indivíduos não podem "se considerar acima da lei".

Foi uma demarcação importante. Quem entende de lei tem mesmo que ensinar os outros a cumpri-la.

Um mês antes da suspensão do X no Brasil o governo Lula condenava veementemente o assassinato de um dos principais líderes do grupo terrorista Hamas, Ismail Haniyeh. Em 2023 o governo Lula lamentara o falecimento do cidadão brasileiro Ranani Glazer, vítima da carnificina do Hamas contra inocentes no 7 de outubro. Estes foram os títulos das notas:

"Falecimento de cidadão brasileiro em Israel" (10/10/2023).

"Assassinato do chefe do Escritório Político do Hamas em Teerã" (31/7/2024).

Estava certíssimo, o presidente. Só regulando as redes sociais para acabar com esse ódio todo.

"Após suspensão do X, antigo Twitter, usuários relatam melhora na saúde mental, diz pesquisa."

Isso sim é jornalismo de ponta. Enquanto os outros ficavam falando vagamente em "rede tóxica", a *Veja* veio logo com o resultado científico: a população estava ganhando saúde mental! Nunca antes na história deste país houve um benefício social tão rápido e tão barato.

Todo grande avanço democrático traz orgulho e bem-estar, mas tem seus percalços. O problema é quando os percalços começam a se acumular — no caso colocando até uma pontinha de dúvida sobre o talento da nossa orquestra.

"ANJ diz que bloqueio do X afeta o dever do jornalismo profissional", noticiou o *Correio Braziliense.*

Que estranho. Será que o menino mimado andou chantageando esses caras? Que jornalismo profissional, meus queridos? Não viram a melhora na saúde mental? Querem perder uma fortuna em adicional de insalubridade?

Segundo a entidade, "diversos veículos e jornalistas têm relatado dificuldades no cumprimento de suas missões, já que sem acesso à plataforma deixaram de ter acesso a visões, relatos e pensamentos diferentes".

Pensamentos diferentes?! Em que planeta vocês vivem? Acabou já isso, gente boa. Vamos deixar de ser mimados. O choro é livre (leve e solto).

"Com o banimento do X de Elon Musk no Brasil, quem vai falar pela liberdade de expressão?", questionou a *The Economist.*

Como assim, "quem vai falar"? Nós, ora bolas! Todos nós que fizemos essa campanha linda contra o quintal contaminado do bilionário mimado.

A revista inglesa ainda insinuava que os que deveriam defender a livre expressão estavam "permanecendo quietos". Quem tá quieto, ô gringa? Não tá vendo a gente falando pelos cotovelos sobre a livre expressão das nossas vontades, das nossas conveniências e das nossas táticas? Eu, hein. Tem livre expressão até demais por aí, se você quer saber. Livre, leve e solta. Será que hackearam essa revista?

"Nessa luta sobre liberdade de expressão, o X de Elon Musk marcou a posição certa", publicou o *Washington Post* na seção de opinião.

Essa nem vale comentar, porque uma rede tóxica de um bilionário mimado não pode marcar posição certa em luta nenhuma. O artigo falava ainda em "tentativa de banir a controvérsia no debate online". Alguém manda pra eles a matéria da *Veja* sobre o avanço da saúde mental.

"Barrar Elon Musk não vai ajudar a democracia brasileira", publicou a Bloomberg, em artigo de Juan Pablo Spinetto.

O texto assinalava que o Brasil se juntava a China, Rússia e Coreia do Norte "no desonroso clube dos países que banem o acesso a redes sociais". Será que o Juan não leu a matéria da Deutsche Welle festejando o banimento democrático? Essa gente precisa se informar melhor.

"Casa Branca condena Brasil por proibir X em luta pela liberdade de expressão com Elon Musk", noticiou o *New York Post*.

Bem, como o inquilino da Casa Branca ainda era Joe Biden, a única coisa que podemos fazer é denunciar essa manchete como desinformação. Ouviram bem? Des-in-for-ma-ção! Se quiser pode dividir como de-zin-for-ma-ção também. De-zin soa até mais forte.

O X decidiu cumprir as determinações do STF e o acesso à plataforma foi restabelecido dois dias após o primeiro turno da eleição municipal. Na *Globonews*, Fernando Gabeira fez seu balanço sobre os quase 40 dias de bloqueio no auge da campanha eleitoral:

"Ficou evidente que o X precisa muito mais do Brasil do que o Brasil precisa do X."

Impressionante. E os hipócritas precisam muito mais da liberdade de expressão do que a liberdade de expressão precisa dos hipócritas.

METRÓPOLES

Colunas

IGOR GADELHA

Igor Gadelha

Boulos apaga vídeo com hino nacional em linguagem neutra após polêmica

Após críticas nas redes sociais, campanha de Guilherme Boulos apagou vídeo de comício em que hino nacional foi executado em linguagem neutra

Igor Gadelha, Gustavo Zucc

27/08/2024 13:34, atualizado 27/0

Estadão
@Estadao

OPINIÃO | Fabiano Lana: França iconoclasta nos lembra que Olimpíadas não são jogos cristãos

estadao.com.br
pinião | França iconoclasta nos lembra que
as não são jogos cristãos

jul. 24 · 6.840 Visualizações

Folha de S.Paulo
@folha

Organizadores de Paris-2024 pedem desculpas pela paródia de 'A Última Ceia'

folha.uol.com.br
Paris-2024 pede desculpas pela paródia de 'A Última Ceia' - 29/07/2024 - Esporte - Folha

15:17 · 29 jul. 24 · 15,8K Visualizações

CAPÍTULO 9
OUVIREM DO IPIRANGUE

ENQUANTO MACRON PICHAVA A MEMÓRIA DO BARÃO DE COUBERTIN, AQUI CANTAVAM O HINO NACIONAL EM LINGUAGEM NEUTRA. PICHAÇÃO BOA É A QUE SUJA MELHOR

A MOBÍLIA VELHA DA "ESQUERDA" como mística de opção pelos mais fracos já estava cheia de cupim na virada do século 21. A revelação da mentira socialista por trás do Muro de Berlim tinha dizimado o charme revolucionário. Nem em mesa de bar às três da manhã era mais possível fazer sucesso com esse teatro ideológico.

O mundo tinha descoberto que a ética humanitária, a solidariedade e a consciência social não eram monopólio de uma doutrina. As sociedades evoluíram e foram assimilando a proteção às minorias como passo essencial no caminho civilizatório. Não era mais preciso acabar com o capitalismo, nem viver pendurado em autores marxistas anacrônicos para defender os mais fracos.

Mas se alguém adormecesse no ano 2000 e acordasse duas décadas depois, teria a certeza de que o mundo engatou a marcha à ré.

A mobília podre reapareceu toda remendada, cheia de buracos e pintura tosca, mas recolocada solenemente no centro da sala. Por incrível que pareça, o conceito de "esquerda" como redenção social — vencido, ultrapassado, esvaziado, desmoralizado e desaparecido na poeira da estrada ressurgiu, todo empoeirado, como virtude. Contando ninguém acredita.

Todas as conquistas humanitárias da contracultura foram jogadas fora. Varreu o mundo um estranho vento oportunista turbinado pela onda dos nerds milionários ávidos por um coração para colocar no peito. O sonho totalitário de reger a humanidade da sua prancheta — caricaturado nos vilões de folhetim e na aventura macabra da Segunda Guerra — reencarnou fantasiado de defesa da democracia.

Com muito dinheiro — muito mesmo — e a comunicação total das redes digitais, a lixeira do politicamente correto foi sendo transformada em cartilha obrigatória e patrulha implacável. A humanidade mergulhou no período mais reacionário dos últimos cem anos com seu kit grandeza instantânea à mão. Finge que todo mundo é homofóbico, empunha seu slogan libertário de butique e corre pro abraço.

Não, não é possível que tenha vingado uma infantilização ampla e sumária dessas. Todo mundo se fingindo de revolucionário e acusando de criminoso o coleguinha que não subir na carteira para recitar a cartilha? Como pode ter se disseminado um retrocesso desses?

Algum historiador honesto vai explicar um dia. Ou um bom psicanalista. Talvez um antropólogo — mais aí já é querer demais.

O fato é que a reciclagem tosca da ideia de "esquerda" como monopólio da bondade encontrou sua cara-metade. As pessoas comuns cercadas por essa patrulha hedionda passaram a achar que a resposta a um embuste fantasiado de "esquerda" seria colocar o crachazinho oposto — de "direita".

Foi assim que todos os valores passaram a ser relativizáveis ao gosto do freguês. Como esquerda e direita são conceitos vagos — ou melhor, nem conceitos são —, cada falange pode atribuir o mal à falange oposta, tranquilamente.

"Direita" pode ser associável ao fascismo, como está em vários livros mais ou menos respeitáveis, ou a surtos autoritários como o AI-5 no Brasil. Uma enorme quantidade de pessoas não militantes e não partidárias acha isso — que "direita" tem a ver com afronta à democracia. Não interessa se alguém possa querer explicar que isso não está correto. Interessa que, para muita gente comum, a palavra traz essa conotação. Ponto.

Aí o inocente que só queria não ser governado por corruptos e tiranos resolve passar a usar o crachá "sou de direita" — e aí passa a ter que provar que a sua "direita" não é a do fascismo. Passa a ter que explicar que ele e sua corrente não representam o mal maior. Passa a ter que jurar que ele é a favor da democracia. Etc. Nesse meio-tempo os pilantras se safam, agradecidos pelo falatório direita x esquerda.

Quase 100% dos autoritarismos ocidentais modernos sustentam seu poder com a conversa fiada do combate aos perigos "da direita". Foi o jeito malandro de enquadrar as pessoas comuns, que trabalham e não querem ser sugadas por poderes artificiais, como contingentes de inclinação fascista. Essa propaganda "progressista", apesar de fajuta, virou politicamente uma mina de ouro.

Para nós, da imprensa heterodoxa, esse fuzuê todo é uma benção.

Se fôssemos escolher um momento antológico de toda essa impostura, talvez o mais votado fosse a Olimpíada de Paris 2024. Ali, sob a regência de Macron (o androide da mistificação), deu-se o espetáculo definitivo da revolução de butique. Ao menos esteticamente será difícil superar esse símbolo.

A vanguarda da naftalina teve uma ideia genial: chega de fazer a abertura dos Jogos Olímpicos dentro de estádios. Isso é aprisionador! — argumentaram os carnavalescos parisienses.

De fato, estádios e ginásios são aprisionadores para os esportes olímpicos, assim como campos de futebol são aprisionadores para jogadores de futebol. O certo seria eles saírem correndo no Champs-Élysées, e o gol seria quando a bola atravessasse o Arco do Triunfo. Fica pra próxima.

Mas a cerimônia de inauguração da Olimpíada cumpriu o roteiro libertador e colocou as delegações dos países para navegar no Rio Sena. A grande atração não foram os atletas. Entre outras encenações de alta plasticidade, um grupo de drag queens atraía os flashes e ganhava as manchetes simulando um ritual religioso.

"Organizadores de Paris-2024 pedem desculpas pela paródia de 'A Última Ceia'", noticiou a *Folha de S.Paulo*.

Desculpas pra quê? A revolução de butique estava há anos tentando chamar atenção com provocações idiotas a símbolos consagrados! Por que esse arrependimento agora? Em time que está ganhando não se mexe.

"Olimpíadas: bolsonaristas criticam Santa Ceia com drags", escreveu o Metrópoles. "Cerimônia de abertura das Olimpíadas de Paris causou incômodo pela representação de apóstolos como drag queens."

Existe alguma forma mais apropriada de simbolizar a excelência esportiva mundial do que substituir apóstolos por drag queens? Essa gente inculta não entende nada de nada. O certo seria banir das redes sociais todo mundo que criticou essa obra-prima. Banir das redes, não: proibir de ter computador e iPhone. Proibir de ter computador e iPhone, não: confiscar o documento de identidade. Quem não compreende a histórica importância do transformismo para o esporte olímpico não pode viver em sociedade.

A Associação Internacional de Boxe desqualificou a lutadora intersexo Imane Khelif por constatar vantagem biológica dela sobre as demais competidoras na categoria feminina. Na Olimpíada de Paris, Khelif foi medalha de ouro.

"O pódio da inclusão em Paris: a vitória de Imane Khelif no boxe", escreveu a *Veja*, sem entrar no mérito da controvérsia.

Claro! Se por acaso a inclusão excluir — como entendeu a AIB —, as mulheres que se virem. Nosso trabalho é pegar a onda mais promissora.

Por falar em onda, até prancha foi parar no caldeirão das falsas polêmicas parisienses:

"Surfista brasileiro foi obrigado a remover pintura do Cristo Redentor de suas pranchas", noticiou a *Oeste*. "Carta Olímpica proíbe manifestação política e religiosa; cerimônia de abertura ofendeu católicos e evangélicos."

Vamos explicar as regras, caso não tenha ficado claro: não pode homenagear o Cristo na prancha, mas se for para avacalhar símbolos sagrados, pode. Assim o nosso jardim de infância se fantasia de "esquerda" e surfa alegremente nesse teatro ideológico — que, como já explicado, garante grana e poder aos envolvidos.

"França iconoclasta nos lembra que Olimpíadas não são jogos cristãos", escreveu no *Estadão* Fabiano Lana.

Perfeito. Só faltou a França iconoclasta nos lembrar também que Olimpíadas não são desfile no sambódromo, passeata de orgulho sexual, teatro amador *underground*, nem palanque de político demagogo.

O bom da nossa indústria demagógica é que nós realmente conseguimos baixar o nível do senso comum. Qualquer porcaria retórica passa como atitude política. É aquilo: joga a frase no *Instagram* e corre pro abraço. A demagogia é a Revolução Industrial do século 21. Duvida?

Então olha isso. Nessa mesma época em que Macron estava pichando a memória do Barão de Coubertin, no Brasil tinha gente cantando o Hino Nacional em linguagem neutra. Pichação por pichação, vamos ver quem suja melhor.

O contexto era a campanha de Guilherme Boulos para prefeito de São Paulo. Eis um símbolo claro da Revolução Industrial do século 21. Pacifismo que prega brutalidade, democracia que simpatiza com ditadura, defesa de sem-teto com eleitorado sob os tetos mais caros. Aí faz a conta: o Hino é associável aos patriotas, que são associáveis à "direita", e na nossa historinha vai aparecer o revolucionário de "esquerda", que canta um hino mais "humano" porque pensa nas minorias, ao contrário do fantasma da ditadura e seu ufanismo sem charme.

Achou a historinha péssima? Um espasmo de futilidade? Pois este é o seu mundo na terceira década do Século Estranho. Lula e Boulos lado a lado, com a envergadura dos filhos deste solo, ou melhor, "des filhes deste solo"... Não seria "sole"? A gente chega lá.

"Boulos apaga vídeo com Hino Nacional em linguagem neutra após polêmica", noticiou Igor Gadelha no Metrópoles.

É esse tipo de hesitação que estraga a revolução. Um sujeito capaz de juntar gente pra invadir a casa dos outros não pode ter esse grau de timidez. Aí vai chegando perto da eleição e começa a desconversar sobre o Maduro. Isso deixa o eleitor inseguro! Logo naquele momento em que o Maduro tinha, segundo o Carter Center, roubado a eleição na Venezuela.

Se aquele país tem "excesso de democracia", como ensinou Lula, e se Lula é o grande líder de Boulos, qual é o problema de apoiar a perpetuação do poder chavista na marra? Coerência é tudo numa revolução.

O MST estava lá, tirando a foto da vitória com Maduro em meio ao banho de sangue (prometido e cumprido). Só faltou o Raí, que apoia o MST como modelo pedagógico. Se a violência do movimento ficar só no Brasil e não invadir as palestras do ex-jogador em Paris, tudo bem. O PT também parabenizou de imediato o companheiro Maduro por mais um golpe, ou melhor, por mais um êxito eleitoral.

Aí bate a dúvida desconfortável: às portas da eleição municipal no Brasil, Lula, Boulos e aquela legião de artistas e subcelebridades preocupadíssimas com a democracia e com tudo que é bom para o povo ficaram sumariamente afônicos sobre a Venezuela.

"Atas que provam a fraude de Maduro chegam à OEA. E agora, Lula?", escreveu Mario Sabino no Metrópoles.

E agora? Vida normal! A elite culta estava lutando bravamente contra a ditadura do século passado e fazendo abaixo-assinado por Boulos, porque segundo eles a alternativa seria a "defesa da tortura, do negacionismo e do descaso com os mais pobres". Barra pesada.

Felizmente os artistas e intelectuais que assinaram o manifesto não viram o que estava acontecendo na Venezuela, dominada pelo amigo do amigo do meu candidato, porque eles não iriam aguentar:

"Os áudios e relatos dos centros de tortura na Venezuela são assustadores", denunciou a Secretaria-Geral da Organização dos Estados Americanos (OEA). "Menores de idade são torturados com choques elétricos, espancamentos, falta de alimentação ou mesmo abusos sexuais."

Esse regime bondoso foi em boa medida financiado pelos governos do PT, num obscuro passado recente que felizmente a história lavou a jato. O PT agora era a salvação da democracia no Oscar. Ninguém ia ficar se preocupando com gemido de venezuelano.

O Carter Center entregou ao Conselho Permanente da Organização dos Estados Americanos atas eleitorais que comprovavam a vitória do candidato da oposição, Edmundo González Urrutia, por 67% dos votos, contra 31% de Maduro.

"O Brasil, a Colômbia e o México vinham insistindo para que a justiça eleitoral venezuelana, fantoche de Nicolás Maduro, mostrasse as atas que comprovariam a vitória do ditador por 51% a 44%, mas obviamente não foram atendidos", continuou Mario Sabino no Metrópoles.

O Brasil do PT não repudiou o golpe do aliado histórico, nem a violência, nem a tortura, nem as mortes. Os artistas e intelectuais não fizeram manifesto, nem vídeo, nem post, nem notinha. Entendeu a nova Revolução Industrial? Ética é uma coisa que dá e passa. E o melhor de tudo: quando passa, ninguém lembra mais.

Paralelamente ao horror na Venezuela, outro contratempo desafiou a bondade da elite culta. Em 2024, a degradação da Amazônia atingia seus piores índices em 15 anos.

"Área queimada no país teve aumento de 90% em 2024", noticiou o Metrópoles.

Estalava no ar de novo a pergunta incômoda: e agora?

O que a gente faz? Finge que não viu? Diz que é *fake news*? Defende o fogo amigo? Grita que o fantasma da ditadura está chegando? Que situação, senhoras e senhores...

Surgiram algumas tentativas válidas de lidar com o problema.

"Fumaça de queimadas pode ajudar na revegetação do cerrado, aponta estudo."

A matéria corajosa do portal Terra espalhava as cinzas da esperança, relacionando incêndio na mata com aumento de vegetação.

Para os que não se dessem por satisfeitos, sempre se podia reciclar aquela boa e velha verdade científica: queimada em governo do PT é culpa das mudanças climáticas. Precavida, a ministra do Meio Ambiente já estava jogando tudo na conta do Trump.

"Marina diz que mundo terá de trabalhar contra retrocessos ambientais com volta de Trump", publicou a *Folha de S.Paulo*.

Esse negócio de ter que trabalhar é meio radical, mas a causa justificava o sacrifício.

"Estresse causado por mudança climática pode aumentar divórcio entre aves", alertou a *Folha de S.Paulo*.

A notícia seria perfeita se Marina Silva tivesse aproveitado para anunciar que o Ibama forneceria advogados para arbitrar os conflitos entre os casais voadores. Clima é tudo numa relação.

Íamos nos safando direitinho no meio da fumaceira, mas não dava pra baixar a guarda:

"Calor afeta mais pretos, pardos, mulheres e idosos no Brasil, aponta estudo."

Mandou bem, a BBC. Está muito em voga esse truque: pegar um aspecto da realidade socioeconômica e transformar em "racismo ambiental". É bom que dá polêmica. E aí o vilão vai ser o capitalismo, a elite branca etc. — nunca os nossos protegidos.

Mas e o vídeo? Mesmo com a transfusão das culpas, o fato era que a Amazônia estava queimando violentamente. Será que não ia pegar mal a falta daquela cantoria tão comovente no governo anterior?

Vários artistas e subcelebridades tiveram uma ideia genial. Enquanto a floresta pegava fogo, eles foram defender o mar:

"Artistas brasileiros se unem para pedir liberdade a defensor das baleias preso na Groenlândia", noticiou o Metrópoles, com uma foto impactante da Xuxa pedindo justiça.

A Groenlândia é longe, mas pelo menos o grupinho não ficava sem um vídeo emocionante pra espalhar.

Quer saber de onde brotam causas tão criativas? Qualquer reunião política no Leblon com vista pro mar esbanja essa fertilidade cívica. Dá uma olhada nesse papo reto, captado pelo jornalismo mentira do *Outra Coisa*:

— Festinha boa, né?

— Não é festa.

— Não? É o quê?

— Reunião.

— Ah, tá. Delícia de reunião, né?

— Vamos decidir coisas importantes aqui.

— Com certeza! Eu mesmo já tomei uma decisão muito importante.

— Qual?

— Adiei a dieta. Seria um crime fechar a boca aqui.

— Estou falando de outro tipo de decisão.

— Eu sei. E também já tomei outro tipo de decisão importante.

— Qual?

— Vou parar de beber só amanhã. Não vou desperdiçar um vinho desses, né?

— Vamos decidir aqui coisas importantes para o país.

— Que bom! Eu apoio.

— Apoia o quê? Ainda nem falamos qual causa vamos abraçar.

— Mas eu quero abraçar. Quero abraçar muito. E beijar também, se der.

— Vai com calma.

— Calma, nada. Meu idealismo não tem limite.

— Precisamos unir nossas forças para defender os indefesos.

— Tô dentro.

— Tá dentro de quê?

— Por enquanto da festinha. Quer dizer, da reunião. Cara... Esse salmão foi pescado agora, hein?

— Vamos focar.

— Claro! Quem não focar num salmão desses não tem alma. Garçom! Cuidado que o meu copo tá quase vazio, hein? (risos)

— Vamos focar na proteção do meio ambiente.

— Genial. O ambiente tá ótimo, mas sempre pode melhorar.

— O homem não pode se achar mais importante que a natureza.

— Aí você falou tudo. Nem o homem, nem a mulher. Aquela ali tá casada?

— O meio ambiente equilibrado é fundamental para as populações carentes.

— Meu conselho pra quem tá carente: vem numa festinha dessas. Quer dizer: numa reunião dessas. A carência passa na hora.

— Aqui é um ambiente seleto, pra poucos. O importante são as decisões que vamos tomar aqui.

— Tem toda razão. Encher esse salão maravilhoso de gente carente ia destruir o meio ambiente.

— Precisamos de ações estratégicas.

— É isso! Salve a Amazônia!

— Amazônia não.

— Por quê? Não somos mais contra as queimadas?

— Somos. Mas nesse momento tem causa mais urgente.

— Qual?

— As baleias.

— Isso é verdade. A gordofobia chegou num ponto insuportável.

— Estou falando das baleias que vivem no mar.

— Ah, tá. Elas também sofrem um preconceito terrível. Garçom! Não me esquece não, seu bandido... Mas continua. A gente tava falando de quê, mesmo?

— Das baleias.

— Isso! Ozempic para todos!

— Não é por aí. Nós somos contra o arpão.

— Apoiado! Esse negócio de arpão não tem nada a ver mesmo não. Pode encher, garçom.

— Então vamos lançar um manifesto em defesa das baleias.

— Sensacional. Como seria o manifesto?

— Depois te explico, agora tô com a boca seca. Garçom, enche o meu também.

Como se vê, o importante é abraçar as causas que valem a pena. Às vezes até pode parecer que não vale o esforço — como no caso do Hino Nacional adaptado para a língua do Mussum (O Viro do Ipirânguis). Mas vale! Inclusive a produtora que organizou aquele comício teve 4 milhões de reais aprovados pelo governo para captação pela Lei Rouanet, segundo o Metrópoles. Valeu ou não valeu mudar o Hino?

Por coincidência, 4 milhões de reais foi também a quantia destinada pelos Correios ao novo show de Gilberto Gil. Nesse caso, patrocínio direto — sem precisar passar pela Rouanet. Tudo em nome da agilidade. Afinal, o tempo é rei, mas também é dinheiro.

Chato foi que calhou de os Correios estarem com um déficit de mais de 2 bilhões de reais, a ponto de hospitais deixarem de atender pelo plano de saúde da estatal por inadimplência. Mas fazer o quê, né? O Gil tava precisando.

"Gilberto Gil inicia turnê Tempo Rei com patrocínio dos Correios em meio à greve" (*O Dia*).

"Em meio a rombo, Correios gastam R$ 4 milhões para bancar turnê de Gilberto Gil" (*Oeste*).

"Rede hospitalar suspende atendimentos pelo plano dos Correios por falta de pagamentos" (*Gazeta do Povo*).

"Correios patrocinam turnê de Gilberto Gil enquanto acumulam prejuízo de R$ 2,2 bilhões" (Claudio Dantas).

E daí? Os contribuintes deveriam transbordar de orgulho, e vender as calças se necessário fosse, para garantir que não faltasse nada no palco e no camarim do grande astro. Aquela podia ser a última apresentação dele, sabia? O que é um atendimento hospitalar a um reles mortal diante da consagração de uma lenda?

Não é nada. Talvez por isso o público não tenha dado a menor bola para esse detalhe do rombo do patrocinador estatal — e lotou o show. Quem paga mais de mil reais por uma apresentação sabendo que já tinha pago por ela (como contribuinte) deve estar muito convicto do que faz. E naturalmente não precisa do plano de saúde dos Correios.

Para completar esse espetáculo impressionante de empatia e sensibilidade social, o show ainda tinha tom "político" — adivinha em favor de quem. Aí o fantasma da ditadura dava uma canja e a burguesia consciente repudiava a censura (do século passado, que a do presente estava uma delícia).

"Em crise, Correios gastaram R$ 38 milhões em patrocínios no governo Lula", informou a *Veja*. "Estatal desembolsou R$ 6 milhões para exibir sua marca no Lollapalooza e R$ 4 milhões na turnê Tempo Rei, de Gilberto Gil."

No embalo, várias estatais embicadas para o vermelho — a cor do amor — saíram "reposicionando suas marcas" em eventos politicamente favoráveis a Lula. O G20 foi uma festa.

"Estatais destinaram R$ 89 mi para eventos do G20", noticiou a *Folha*.

O *Estadão* trouxe mais informações:

"O que se sabe sobre o 'Janjapalooza'? Evento de música com entrada gratuita ocorre simultaneamente à Cúpula Social do G20 no Rio de Janeiro e tem patrocínio de R$ 33 milhões de Itaipu e da Petrobras."

O apelido "Janjapalooza" deve ter sido dado por algum invejoso, alguém que provavelmente nunca teve 33 milhões na mão pra organizar uma festa. E que também não deve saber se comportar numa festa chique, pelo menos não com a classe da primeira-dama. "Fuck you", disparou Janja pelo microfone do seu festival, referindo-se a Elon Musk. Em tradução livre para o português, "fuck you" quer dizer "respeite o Brasil".

A CNN imediatamente noticiou uma troca de ofensas entre Janja e Musk. Já estava pronto o cenário para acusar o bilionário-mimado-membro-da-Internacional-Fascista de atacar uma mulher, uma brasileira que investe em cultura, a primeira-dama da democracia renascida etc. Mas um detalhe pôs tudo a perder, como explicou a própria emissora:

"CNN errou ao afirmar em descrição de vídeo que houve troca de ofensas entre Janja e Musk. Apenas Janja ofendeu Musk em um evento do G20 social, no Rio de Janeiro."

A imprensa como um todo falhou nesse episódio. Nós já tínhamos ido tão longe em atribuir a Musk coisas que ele não fez, que não custava nada dizer que Janja estava respondendo a ele. Se algum intruso viesse sustentar que o bilionário nojentinho não falou nada, bastava retrucar: não falou, mas pensou.

Com a polêmica, mais uma vez Janja da Silva estava no centro das atenções. Mas não pense que foi ela quem se colocou nessa situação.

"Tanta importância para Janja mostra que vivemos numa sociedade machista", escreveu Fabiano Lana no *Estadão*.

Felizmente vem sempre alguém inteligente explicar o que você não tinha entendido, com a falta de discernimento que te caracteriza. Importância demais para a mulher pode denotar machismo. Importância de menos, também. E a gente nunca fica a pé no nosso proselitismo acrobático. Mas vai aqui o aviso: deixem a Janja no canto dela. Respeitem a discrição da primeira-dama, que é avessa aos microfones, aos palcos e aos holofotes. É quase um caso de fotofobia. Aprendam com quem quer fazer o bem sem ser notado.

Claro que iam botar defeito no festival de verbas públicas distribuídas com tanto bom gosto e alegria. Brasileiro reclama de tudo.

"O impressionante déficit das estatais", escreveu o *Estadão* em editorial. "Resultado de 2024 indica uma tendência perigosa para o futuro e demonstra que o temerário modo petista de gerir empresas públicas voltou com tudo."

Que coisa desagradável. E ainda cometem um erro primário: "voltou com tudo". Isso aí pros padrões petistas é só aquecimento.

Depois pegam no pé da ministra da Cultura só porque vazou áudio do pessoal dela colocando 58 milhões de reais do Ministério pra ajudar aliados na eleição municipal. Vocês queriam que eles ajudassem quem? O inimigo?

E ainda implicam com os cachês da Margareth. Deixa a ministra ganhar o dinheirinho dela (R$ 640 mil) no carnaval, gente! Que mania de regular o sucesso dos outros. Se ela tem as amizades certas, nas prefeituras certas, mérito dela! E o que são 58 milhões? Pouco mais que um Janjapalooza e meio. Ora, vamos parar de chorar miséria.

Vai que o público começa a desconfiar de que o Gil, a Margareth e cia no poder não é um final feliz? Como fica a nossa novela? Vai que o pessoal começa a ligar a ruína das estatais e das contas públicas em geral com esses espetáculos opulentos? E começa a se irritar com a volta do PT à cena do amor? Muita calma nessa hora. Vamos preservar os nossos símbolos. Viram o que aconteceu com o Silvio?

No que a ministra Anielle Franco, da Igualdade Racial, denunciou o ministro Silvio Almeida, dos Direitos Humanos, nossa bússola enlouqueceu. O que fazer? A quem defender? A quem atacar? Não fique aí pensando que esses cálculos são fáceis. Envolvem muita empatia e extraem o máximo da nossa ética. Às vezes precisamos até trocar as pilhas.

O complicador em cima do drama era que a denúncia era de assédio sexual. Ou seja: um ministro que era um intelectual destacado justamente na causa racial assediando a ministra da Igualdade Racial. Feminismo, racismo, direitos humanos, tudo misturado. A CNN saiu logo com um comentário categórico, tipo editorial, bancando Silvio Almeida previamente e exaltando sua biografia. Bravo!

Mas... Como ficava a Anielle, que ainda por cima era irmã da Marielle? Sinuca de bico.

"O perigo de acreditar na palavra da vítima", escreveu Milly Lacombe no UOL, com uma foto de Anielle Franco conversando com o presidente Lula.

É perigoso mesmo. A vítima sempre pode estar tramando alguma. Com vítimas, todo cuidado é pouco. Mas o importante era continuar tentando sair da sinuca. A colunista do UOL veio então com outro ponto interessante:

"Como acreditar em Anielle Franco sem cancelar Silvio Almeida."

Não desacreditar Anielle e não condenar Silvio seria o melhor dos mundos. Talvez os direitos humanos e os direitos das mulheres ficassem em segundo plano dessa forma, mas não se pode ter tudo. Pelo menos aqueles defensores dos direitos humanos e dos direitos das mulheres estariam salvos.

Depois veio a ONG Me Too Brasil processar Silvio Almeida — já afastado do Ministério — por difamação. A acusação era de uso do cargo para descredibilizar as denúncias de assédio. Como se não bastasse, uma reportagem da revista *Piauí* informou que Lula tinha sido alertado por quatro pessoas sobre a conduta do ex-ministro em relação a Anielle.

Que confusão desagradável — e só gente boa envolvida: Me Too, Silvio, Anielle, Lula, *Piauí*, ministérios dos Direitos Humanos e da Igualdade Racial. Todos contra todos. Onde foi que nós erramos?

Com tantas forças do bem em conflito, aquilo só poderia ser um grande mal-entendido. Mas os mal-entendidos também desgastam, e começaram a aparecer umas pesquisas de opinião meio azedas. De qualquer forma, como temos ensinado exaustivamente, o que é ruim pode ser bom.

"Pesquisa: Maioria desaprova governo Lula, mas petista venceria em 2026", noticiou a *Veja*.

Tá vendo? O pessoal se preocupa à toa. Mesmo com a maioria reprovando o governo Lula, ele ganharia a eleição. É bem verdade que a eleição é pra governar, e nesse quesito ele foi reprovado. Mas se a pesquisa disse que ele ganharia mesmo assim, vai ver as pessoas iriam votar nele por outro motivo. Podia ser por empatia, pra ele e a Janja poderem continuar morando no palácio. Podia ser por gratidão, por tudo que o PT já fez pelo Brasil. Podia ser por intuição, se o povo estivesse sentindo que só com mais um mandato é que a coisa iria deslanchar.

Enfim, com pesquisa não se discute.

Mesmo com a historinha da salvação progressista colando, nunca se deve baixar a guarda. O inimigo está sempre à espreita para fazer o mal — e as armas às vezes são insidiosas. Como já explicado anteriormente, tudo que contraria os nossos esquemas de poder é desinformação, ódio ou golpe. E quando a escalada do dólar começou a incomodar demais, nós transformamos isso em atentado.

O aparelho de estado foi mobilizado para enfrentar uma poderosa onda de *fake news* destinada a turbinar a moeda americana e corroer a bondade do governo. Infelizmente a tese (que era excelente!) acabou desmentida pela realidade (que precisa ser regulada urgentemente). Mesmo assim chegou a render momentos bonitos na coreografia contra o fascismo imaginário:

"Me parece que quem não conseguiu dar o golpe de Estado está tentando destruir nossa democracia atacando nossa economia", pontificou Daniela Mercury, colocando todo seu conhecimento de política cambial a serviço do amor. "Quem domina a comunicação, domina o mundo. Quem será que quer nos subordinar aos seus desejos autoritários? E o que podemos fazer para defender o Brasil?"

É um postulado quase psicanalítico sobre as pulsões mercadológicas mais primitivas a serviço do despotismo trevoso. Para alívio de todos, não aconteceu nada disso que a diligente cantora expôs, mas a coreografia ficou bem vistosa e é isso que importa.

Os indicadores macroeconômicos continuaram se deteriorando, mas, como disse a Daniela, quem domina a comunicação, domina o mundo.

"Planalto atribui queda na popularidade de Lula a falsas expectativas criadas por erros de comunicação no início do governo", noticiou *O Globo*.

Sem problemas. Pelo visto os erros de comunicação já estavam corrigidos e a mensagem correta já estava na rua: o presidente está certo, as expectativas é que estavam erradas.

E para que não se repetissem mais os problemas de comunicação governamental, era necessário botar gente talentosa no setor. As sugestões foram surgindo:

"O presidente Lula deveria ousar e chamar um estrangeiro para comandar a SECOM: o responsável pela propaganda do Hamas! Há muito tempo não se via uma organização que, além de valentia e heroísmo, é capaz de turbinar o mundo com suas mensagens de combate e afeto", propôs Breno Altman.

O afeto da carnificina contra inocentes, mulheres e crianças no 7 de outubro só foi percebido pelas almas mais sensíveis. Sem dúvida, um tipo de valentia e heroísmo consonante com a missão jornalística dos devotos do petismo.

O partido inclusive aproveitou o G20 para fazer uma manifestação no Rio de Janeiro onde se destacava uma imagem gigante de Ismail Hanié, líder do grupo terrorista apresentado como "herói da resistência". A morte dele causou "comoção no Oriente Médio", segundo a Band.

"Paraná Pesquisas: rejeição a Lula cresce e supera 57% dos brasileiros", noticiava a *Veja* em abril de 2025.

De fato, talvez só o afeto do Hamas fosse capaz de turbinar novamente o amor.

Lula ia se safando como dava: dizia que Maduro era problema da Venezuela, que o escândalo bilionário do INSS no governo dele foi descoberto pela equipe do ministro demitido em pleno escândalo, que a ex-primeira-dama do Peru condenada por corrupção com a Odebrecht merecia asilo no Brasil como perseguida política, que a inflação estava estourando a meta porque alguém devia estar ganhando com isso, que apesar do déficit público crescente e das estatais no vermelho ninguém tinha mais responsabilidade fiscal do que ele etc.

E para os que teimavam em achar que o Brasil estava de pernas pro ar, o IBGE veio com a solução genial e definitiva: virou o mapa-múndi de cabeça para baixo. Resolvido o problema!

O jornalismo híbrido e fronteiriço do *Outra Coisa* captou o seguinte diálogo na esquina do Alasca com o Rio Amazonas:

— E aí, foi pra onde nas férias?

— Fui pro Sul.

— Amazônia?

— Que Amazônia?! Falei que fui pro Sul.

— Ué, você não soube?

— De quê?

— A Amazônia agora é no Sul.

— Para com isso... Que brincadeira é essa?

— Brincadeira, nada. Coisa séria.

— Como assim? Vai dizer que meteram a mão na geografia também?

— Tipo isso.

— Então agora a Amazônia é no Sul e o Rio Grande do Sul virou Rio Grande do Norte.

— Exato. E o Rio Grande do Norte agora fica lá embaixo no mapa.

— Que confusão. E a questão climática? Vai todo mundo ter que trocar o guarda-roupa? Já estão se cotizando pra mandar casacos pra Amazônia?

— Não vai ter muita mudança nessa parte, não. Os gaúchos por exemplo vão ficar mais ou menos na altura de onde era o Canadá.

— Agora embolou tudo. O Sul não tinha ido pro Norte?

— Sim, mas é que o mapa-múndi foi invertido. Então agora o Brasil fica plantando bananeira ali no hemisfério norte, entendeu?

— Mas tem bananeira nessa nova latitude?

— Muito pouco. Esse foi um dos efeitos colaterais positivos: vamos deixar de ser uma república de bananas.

— Interessante. Qual será a nossa nova vocação?

— Embelezamento de dados.

— Você quis dizer "processamento de dados".

— Não. Embelezamento, mesmo.

— E como funciona isso?

— É simples e genial. Por exemplo: vamos imaginar que tem um país insatisfeito com o seu pib. Basta ele ligar pra cá e contratar os serviços do Instituto Brasileiro de Geografia e Embelezamento.

— O pessoal consegue melhorar o pib de outro país?

— Cara... Você tá desatualizado mesmo, hein?

— Já falei que tava de férias.

— Então fique sabendo que nas suas férias o mundo virou de cabeça pra baixo.

— Ah, você tá exagerando. Não estou achando as coisas tão ruins assim.

— E não estão, mesmo. As coisas estão ótimas! Vou repetir: o ibge deu uma cambalhota no mundo. E de quebra colocou o Brasil no centro.

— Somos Primeiro Mundo, agora?

— Primeiríssimo! E você há de convir que, pra quem consegue inverter o mapa-múndi, dar um tapa no visual do pib de um país qualquer é molezinha, né?

— Pô! Aí tem que respeitar.

— Vai ter fila em Brasília, meu amigo. Fila de países querendo contratar indicadores socioeconômicos mais bonitos.

— Rapaz... Isso aqui vai ficar abarrotado de dólar, euro, ouro...

— Falar em dólar, estão querendo passar a cotação do câmbio pro ibge também. O Banco Central não tá acompanhando a velocidade das mudanças.

— Faz sentido. Um país que tá no centro do mundo tem que ter a moeda mais forte também.

— Você pegou o espírito. Chega desse sofrimento com dólar alto. Quem vai estar sempre nas alturas é o real.

— Muito bom. E o inss?

— O que tem o inss?

— Vão aproveitar pra dar uma melhorada lá também?

— Não.

— Por quê?

— Porque ali, se melhorar, estraga.

Folha de S.Paulo
@folha
Carlo Ginzburg vê ponto de contato entre Trump e Mussolini
Folha de S.Paulo
@folha
Selena Gomez chora por deportados mexicanos: 'Queria poder fazer algo'
$1.3bn
$433bn
$239bn
$211bn
band.uol.com.br
Elon Musk é acusado de fazer gesto nazista em evento da posse de Trump

CAPÍTULO 10

O REICH DO SILÍCIO

QUE DESAGRADÁVEL, ESSE BILIONÁRIO MIMADO.

QUEM DEU PODERES A ELE PARA FALAR A VERDADE

ASSIM, NA CARA DE TODO MUNDO?

— Fora Trump!

— Isso aí: fora Trump!

— Ganhou as eleições em conluio com a Rússia!

— Não, isso foi na outra eleição.

— Não vale pra essa também?

— Podemos tentar, mas não sei se vai colar.

— O que houve com a nossa cola?

— Acho que está sendo fabricada no Irã.

— Absurdo. Não se pode brincar com um assunto desses.

— Pois é. O conluio com a Rússia não está mais colando nem pra eleição de 2016.

— Droga de cola! Vamos focar nos imigrantes, então.

— Trump xenófobo!

— Algema imigrantes inocentes!

— Tira o "inocentes".

— Por quê?

— Porque se a conversa vai por aí podemos ter que dizer que os imigrantes deportados são ilegais e eventualmente criminosos.

— Aí estraga.

— Não há cola que chegue.

— Podemos deixar as algemas?

— Podemos. O pessoal é distraído, vai demorar a perceber que o Biden e o Obama algemavam também.

— Quando perceberem, já colamos a caricatura desumana no homem. A pessoa nem lembra mais por que começou a detestá-lo.

— Estratégia é tudo.

— Estamos soltando aqui as manifestações indignadas de vários chefes de estado da América Latina contra a xenofobia do Trump.

— Boa. Quem são?

— Maduro, Daniel Ortega e o cara de Cuba.

— Aí complica.

— Foi o que deu pra arrumar.

— Deixa quieto. Vamos falar da suspensão da ajuda humanitária do governo americano, ordenada pelo fascista do Elon Musk.

— Isso é bom. Vamos às ruas defender a entidade que banca interferência política em outros países e pesquisa pra empoderamento de coronavírus na China.

— Aquela de Wuhan?

— É.

— Vamos focar nos imigrantes.

— Ok.

— Fora Trump.

— Fora Trump!

COMO VOCÊ PODE NOTAR, após a eleição de Donald Trump estávamos relativamente firmes no cultivo do inimigo perfeito. Relativamente, porque como se tratava de um repeteco, várias das histórias horripilantes que inventamos tinham perdido a validade. Mas como está enunciado na abertura deste livro, o componente básico da nossa missão é mandar para o espaço todos os escrúpulos de consciência. Então, fomos em frente!

Claro que já estávamos tocando o terror com a questão dos imigrantes, tirando sempre a palavra "ilegal" da manchete — para tentar passar a impressão de que Trump queria varrer dos EUA todo indivíduo que não tivesse nascido lá. Bem, nós fomos capazes de tentar esconder um atentado que aconteceu na cara de todo mundo, então nada é impossível pra nós. Mas a tarefa estava dura, até sermos agraciados por um capricho do destino.

Ao discursar na solenidade de posse de Trump, Elon Musk — nosso segundo espantalho predileto — nos deu o que precisávamos. Ao fazer um agradecimento aos presentes, destacando a importância deles na vitória, Musk levou a mão ao peito e em seguida estendeu-a em direção ao público, esticando o braço com força, como se arremessasse o coração para a plateia.

Os fotógrafos foram muito precisos e captaram o exato momento do braço direito totalmente esticado: saudação nazista!

Claro que nenhum de nós achou que Elon Musk seria suficientemente burro para evocar Hitler na posse de Trump. Fora que, excetuando-se a nossa literatura fantástica sobre Internacional Fascista e outros bichos, estávamos cansados de saber que até muito recentemente ele era simpatizante do Partido Democrata. Mas na era do *Instagram*, viralizar uma foto daquela com uma legenda caprichada poderia, quem sabe, produzir instantaneamente uma nova verdade.

O mínimo que tínhamos a obrigação de fazer era tentar.

"Elon Musk é acusado de fazer gesto nazista em evento da posse de Trump."

Boa legenda da Band!

"Netanyahu defende Elon Musk por gesto nazista em evento após posse de Trump", publicou a CNN Brasil.

Manchete corajosa — talvez a primeira na história a colocar um líder judeu defendendo o nazismo. De quebra, dava como certo que Musk tinha feito uma saudação nazista

— porque jornalismo bom é jornalismo intuitivo. Dúvida é pros fracos.

"Quando Elon Musk fez um gesto de ódio, muitos defenderam que era amor", escreveu na *Folha de S.Paulo* Ricardo Araújo Pereira.

Não tão arrojado quanto a CNN, mas ainda assim assertivo. Nas redes sociais (esses ambientes tóxicos), imediatamente passaram a ser publicadas imagens de líderes bonzinhos (como Macron) fazendo gesto idêntico — ou seja, aquele movimento que simula jogar um coração para o público. Felizmente temos julgadores gabaritados a cada esquina para distinguir amor de ódio.

O artigo na *Folha* ainda tinha a sofisticação (especialidade da casa) de um desenho reproduzindo a já famosa foto da saudação, acrescentando um cachimbo gigante na boca de Musk e uma legenda em francês: "Isto não é um fascista". Intelectualidade que não é afrancesada não é intelectualidade.

"É nosso dever chamar nazistas de nazistas", escreveu Sergio Rodrigues, também na *Folha*, com o subtítulo: "Extrema direita recorre ao gaslighting como substituto do debate de ideias".

Não tinha o mesmo charme do sotaque francês, mas um termo em inglês inserido assim casualmente sem tradução também impressiona os cultos.

De fato, a *Folha de S.Paulo* se destacou nessa cobertura. Era uma pensata mais profunda que a outra:

"O nazismo de Elon Musk, a energia masculina de Zuckerberg e o que isso significa para o sexo", escreveu Bruna Maia. "Sexualidade é também política, e ideologias totalitárias e supremacistas afetam a intimidade."

E como afetam! Nada mais íntimo do que essa referência — "o nazismo de Elon Musk". Denota um conhecimento profundo da matéria. Do contrário seria pura leviandade.

Não chegaram a dizer que aquele braço erguido rigidamente era um símbolo da opressão fálica, mas faltou pouco. De qualquer forma, lá estava a "energia masculina de Zuckerberg" prenunciando a catástrofe. E ela veio:

"Especialistas em desinformação criticam Meta por encerrar checagem de fatos nos EUA", noticiou a *Folha*.

Meu filho, o que você quer ser quando crescer? Especialista em desinformação, mamãe.

Algumas carreiras realmente têm um charme especial. Astronauta, cirurgião, diplomata, cientista, especialista em desinformação... É o tipo de credencial que distingue um ser humano. O que seria da humanidade sem os especialistas em desinformação?

E se o Zuckerberg confessou ao parlamento norte-americano que usou as ferramentas do suposto combate à desinformação para realizar censura em massa, era o caso mesmo de repudiar o seu recuo. Onde já se viu mexer em time que está ganhando? Só pode ser muita energia masculina.

"Busca por 'excluir' *Facebook* ou *Instagram* dispara no Google após Meta afrouxar moderação de conteúdo", noticiou *O Globo*.

Pare tudo e releia essa manchete, porque ela é antológica. A mídia esboçando o cancelamento do Zuckerberg porque ele renunciou à censura é um dos momentos mais sublimes da história do jornalismo. Como ousa afrouxar a patrulha, companheiro?

"Zuckerberg age como 'biruta ideológica' e busca benefícios financeiros, dizem especialistas."

Essa da *Folha* também não fica atrás. Quer dizer que esse bilionário está querendo ficar rico, é? Essa, não! Gostávamos dele quando víamos idealismo no seu trabalho. Aquelas plataformas imensas usadas para manipulação da opinião pública e seleção enviesada do que poderia ser lido era... Lindo. Agora o sujeito resolve fazer autocrítica? Vamos colocá-lo no paredão com neossupremacista Elon Musk: não passa mesmo de uma biruta ideológica.

"Chegou a hora de darmos adeus ao *Instagram*?", perguntou Titi Müller na *Folha*. "Como se esse ambiente já não fosse inóspito o suficiente, os barões das big techs foram além."

Perfeito. Era inóspito, mas era uma delícia. A gente poder fazer proselitismo da xepa politicamente correta cortando as línguas que criticassem a nossa cartilha altamente lucrativa, formando um público exponencialmente bitolado e dócil aos comandos mais idiotas e bem travestidos de ética humanitária, era um sonho real. Agora o comandante disso tudo comparecia à posse de Trump e ainda admitia que interferiu na eleição nebulosa que ele perdeu para o afiado Biden... Foi longe demais, esse rapaz.

Na BBC, o ator Jesse Eisenberg, que interpretou o dono da Meta no filme *A Rede Social*, rompeu com seu personagem:

"Não quero me considerar associado a alguém assim (Zuckerberg). Esse cara está fazendo coisas problemáticas, tirando a verificação de fatos, tornando as pessoas que já estão ameaçadas neste mundo ainda mais ameaçadas."

É comovente a preocupação do ator com as pessoas ameaçadas. E quando a sua amada verificação de fatos estava servindo para ameaçar o mundo inteiro, com o ataque ao livre debate médico, ele estava se sentindo em perfeita sintonia com o protagonista dessa infâmia. O surto ético é uma coisa que ocorre nas horas mais esquisitas.

"Zuckerberg usou relógio de R$ 5,5 milhões para anunciar mudança em checagem da Meta", noticiou a *Folha de S.Paulo.*

Denúncia grave. Um americano usando relógio cotado em reais não cheira nada bem. É uma manchete enigmática, mas tem o poder de mostrar que há algo errado nas entrelinhas. Inclusive porque até 2024, antes de decidir "mudar a checagem", Zuckerberg era um rapaz pobre, como todo mundo sabe. Mal tinha dinheiro pro ônibus — quanto mais pra usar relógio.

Será que a Internacional Fascista comprou esse jovem? Em reais?! Será que o relógio milionário veio do crime organizado brasileiro e pagou o fim da checagem — que patrulhava e censurava de forma tão democrática? Manchete boa é manchete que faz pensar.

E pelo visto o dono do *Instagram* não foi o único aliciado por forças ocultas. Coisas estranhas passaram subitamente a acontecer com as big techs. Olha essa declaração do Jeff Bezos, dono da Amazon:

"A transferência pacífica de poder é uma marca registrada da América, e foi uma honra testemunhá-la de perto. Parabéns ao presidente Donald Trump e ao vice-presidente J.D. Vance. Estou animado para colaborar na aceleração da inovação e na superalimentação da economia americana."

Como um empresário tão importante joga fora, em um parágrafo, anos de mistificação e difamação construídos com tanto esmero em torno do nosso espantalho preferido? De quebra, ressalta a "transferência pacífica de poder" como tradição nacional, atrapalhando seriamente a lenda do golpista selvagem. O que teria havido com Bezos? Estaria hipnotizado pela saudação nazista de Musk?

Era bem provável. Para você ter uma ideia, o tradicionalíssimo jornal francês *Le Monde* anunciava, naquele exato momento, que deixaria o X após o gesto de Elon Musk na posse de Trump.

(Cá pra nós, que ninguém nos ouça: foi sensacional essa orquestração mundial em torno da tal saudação nazista, foi ou não foi? Sobretudo porque obviamente ninguém acreditava naquilo — o que valoriza ainda mais o nosso espírito de missão. Bravo!)

"Musk e Reich do Silício encontraram em Trump chance de realizar sua utopia sem democracia", escreveu Celso Rocha Barros na *Folha de S.Paulo*, em mais um artigo ilustrado com a mesma foto — possivelmente uma das mais repetidas pela imprensa mundial em todos os tempos.

Mas nem precisava. Uma expressão como "Reich do Silício" vale por mil imagens enganosas. É daquelas que o autor chega em casa recitando pro cachorro, pra colher um pouco mais de repercussão.

Na Ilustríssima da *Folha*, a inteligência nacional não deixava cair o ritmo do pagode:

"Carlo Ginzburg vê ponto de contato entre Trump e Mussolini."

Se ele viu é porque tem. Será que não foi num contato desses que o Benito aconselhou o Donald a pedir aquele gesto do Musk? Pedir, não: mandar — que fascista não pede nada a ninguém. Fica aí a hipótese para análise do jornalismo investigativo. Descubram esse ponto de contato. De preferência, com foto.

Elon Musk comentou no X a repercussão mundial da sua foto com o braço esticado. Ele disse entender a revolta dos que “tiveram que tirar um tempo do seu dia cheio elogiando o Hamas para me chamar de nazista”.

Pelo menos o bilionário mimado foi compreensivo. O trabalho de envernizar o terrorismo exige muito esforço e de fato a montagem da história da saudação nazista roubou parte desse tempo precioso. Mas nada que não pudéssemos recuperar ali adiante. O problema real foi outro.

Mostrando toda sua maldade, o bilionário mimado — que agora a gente podia chamar também de nazista, porque nós mesmos resolvemos que ele era, e ponto-final — aprontou logo na sua chegada ao governo. Nomeado para chefiar o Departamento de Eficiência Governamental (DOGE), ele iniciou sua gestão com uma invasão.

Junto com a equipe do seu novíssimo Departamento, Elon Musk entrou nas dependências da USAID — a famosa agência de ajuda humanitária americana — e acampou lá por um fim de semana inteiro. Os funcionários do órgão tentaram agir para proteger os dados, mas não teve jeito: Musk e seu time mexeram em tudo.

Aí foi bem desagradável, porque o intruso saiu mostrando pro mundo inteiro como vinham sendo aplicados os bilhões de dólares do contribuinte manejados pela USAID. E anunciou que a agência seria fechada.

“Como a ação de Trump na USAID vai impactar o império de George Soros”, escreveu Tyler O’Neil no The Daily Signal.

Como é que é?! USAID e George Soros? O que tem uma coisa a ver com a outra?

Tudo. Boa parte dos programas da gigante estatal de ação humanitária norte-americana se casava com a agenda da fundação Open Society de Soros — ou seja, influência política mundo afora sob a capa da pauta *woke*. Muito indiscreto, esse Musk.

"USAID financiou universidade para terrorista da Al-Qaeda", noticiou a *Revista Oeste*.

"Então aparentemente a USAID financiou o ultraprogressista político em Bruxelas e basicamente toda a mídia de esquerda na Hungria sob a administração anterior dos EUA. E eles me chamaram de 'disruptor do ano'... Acredito que o mundo tem uma dívida de gratidão com o presidente Donald Trump por descobrir e pôr fim a essa conspiração obscura", declarou Viktor Orbán, primeiro-ministro da Hungria.

Que desagradáveis, esses disruptores. Não se pode nem mais conspirar em paz que já vêm com grosseria. Restava reagir do jeito que dava.

"Plano de Donald Trump e Elon Musk de fechar a USAID ameaça a mídia independente no mundo", analisou a *Folha de S.Paulo*.

Uma mídia independente que depende de governo para existir não chegava a ser um enunciado genial. Mas valia a tentativa.

"Decreto de Trump suspende parceria EUA-Brasil financiada pela USAID para combate a incêndios florestais", informou o

G1. "Omissão dos EUA com futuro do planeta nos obriga a trabalhar dobrado", declarou Marina Silva à BBC.

Aí já entramos no terreno da ameaça. Marina e sua turma trabalhando dobrado imporiam ao planeta uma quantidade de palestras, reuniões, viagens, almoços e jantares que talvez o futuro não comportasse. Mais um motivo para manter a USAID ajudando a pagar essa conta humanitária.

"Historiadores e cientistas políticos passam a chamar de golpe ações de Trump", publicou a *Folha*.

Ciência é isso aí: objetividade e precisão. Se fomos capazes de consagrar tecnicamente o tchauzinho do Musk como gesto nazista, o mínimo era classificar combate a mamatas como golpe.

Outro ângulo interessante foi classificar a faxina de Trump-Musk como atentado trabalhista. Numa das novelas mais emocionantes criadas sobre o tema, o 60 Minutes da CBS focou numa funcionária demitida no "fechamento caótico da USAID". Infelizmente era uma terceirizada que redigia discursos para a administradora da USAID, Samantha Power, que renunciou. Uma pena, o folhetim estava redondinho.

Mas não era só maldade contra o trabalhador, num corte de verbas desumano. A *Globonews* trouxe uma especialista para explicar que o plano de fechamento da USAID significava coisa bem pior:

"'Esse argumento sobre custos não se sustenta, porque se a gente for considerar por exemplo os gastos militares norte-americanos continuam muito altos. O que motivou essa decisão tem muito mais relação com a questão ideológica. A administração Trump mostra-se muito contrária a todos os temas relacionados a direitos das mulheres, direitos de migrantes', diz Maiara Folly, diretora-executiva da Plataforma CIPÓ, instituição que elabora iniciativas relacionadas a políticas climáticas e de cooperação internacional."

Como se vê, a USAID era um cipoal de problemas.

Seguindo seu arrastão contra fraudes, o DOGE encontrou na máquina pública empréstimos realizados para crianças, somando 330 milhões de dólares. Um bebê de 9 meses tinha recebido 100 mil dólares. A devassa se dava a partir dos plenos poderes dados por Trump a Musk. O que para muitos era um absurdo.

"Trump dá mais poderes a Elon Musk para demitir servidores públicos", destacou o *Jornal Nacional*. "É um poder sem precedentes dado a um cidadão que não foi eleito nas urnas nem teve o nome submetido ao Congresso para aprovação."

É sempre inspirador ver o zelo da imprensa quanto ao direito, à representatividade e os perigos do abuso de poder. Assim o JN dava uma grande contribuição para o bom funcionamento da democracia norte-americana. Talvez até, a partir dessa matéria, os editores do telejornal se interessassem pelo caso brasileiro — para ver se tinha gente sem mandato eletivo mandando em tudo. Na dúvida, é sempre bom checar.

O bilionário realmente estava indo longe demais.

"Elon Musk está cortando todos com mais de 150 anos de idade da Previdência Social. Essas pessoas sobreviveram à Guerra Civil e Elon vai simplesmente cortá-las?", questionava o jornal satírico *Amuse* — destacando a crueldade desse "supervilão" ao cortar os benefícios numa fase da vida em que eles "mais precisam".

De fato, só um desalmado pensaria em desassistir pessoas com mais de um século e meio de vida.

Musk avisou que se não fosse feito um ajuste fiscal severo, os EUA entrariam em rota de colapso. Apresentou os números do desequilíbrio e as diretrizes para os cortes — contratos fraudulentos, máquinas inchadas, ineficiência de processos etc. Em um mês de governo, a economia proporcionada pela ação do DOGE já tinha ultrapassado os 100 bilhões de dólares.

Claro que, para a imprensa, isso virou mais um pretexto para dizer que Musk era mau. Aí ele respondeu que o que o DOGE estava fazendo era bem semelhante ao que Bill Clinton tinha feito nos anos 90. Clinton era um queridinho da imprensa e seu governo foi considerado bem-sucedido no aspecto econômico. Na rede "tóxica" X, Musk refrescou a memória geral com fatos:

"Clinton anunciou um plano ambicioso para cortar gastos desnecessários, diminuir a burocracia e controlar o excesso de poder do governo. Ele assinou uma ordem executiva eliminando 100.000 empregos federais, um corte de 12% nos custos administrativos e a consolidação ou término de centenas de programas desatualizados", relembrou Musk, emendando a pergunta cuja resposta era exatamente o que ele próprio tinha dito:

"Um dos seus maiores avisos? Se os gastos desnecessários não fossem controlados, o déficit federal subiria para US$ 650 bilhões por ano até o início dos anos 2000, com uma parcela crescente de dólares de impostos indo para pagamentos de juros sobre dívidas em vez de investimento público."

E concluía:

"Avançando para hoje. Em 2024, o déficit federal está em US$ 1,83 trilhão — quase o triplo do pior cenário de Clinton. Os juros da dívida sozinhos atingiram US$ 880 bilhões, consumindo uma parcela cada vez maior do orçamento nacional."

A imprensa fez a sua parte: fingiu que não viu.

"O bilionário Elon Musk vem roubando a cena na nova gestão de Donald Trump. Cada vez mais poderoso, o empresário está em campanha contra o que chama de 'burocracia'. Segundo estimativas, em uma semana foram 10 mil demissões de servidores", noticiou o Fantástico.

O dominical da TV Globo entrevistava um brasileiro que trabalhava no setor público dos EUA sobre "os impactos da turma do magnata da tecnologia na máquina federal".

Boa vontade é tudo.

Com a construção de Elon Musk como o "supervilão", o clima foi esquentando entre os linchadores:

"Fim de Musk? Protestos contra o magnata resultam em vandalismo e incêndios em veículos da Tesla", publicou a *Exame*.

É de uma sutileza rara você noticiar uma onda de violência e perguntar se ela significa o "fim" daquele que é o alvo da violência. Já que tá todo mundo chutando o "magnata", vamos dar o nosso chutinho também.

Na redação do *Outra Coisa*, vanguarda da pirueta jornalística, tentamos manter o nosso equilibrismo do jeito que dava:

— Tá pronta a manchete: "Onda de terror contra a Tesla".

— Tá errado.

— O que tá errado?

— A palavra "terror". Não cabe aí.

— Ok. Vou substituir por onda de ódio.

— Isso não é onda de ódio.

— Não?

— Não. Nada a ver com ódio.

— Mas teve quebra-quebra, pichação, fogo, vandalização, ameaça⊠

— Não tire do contexto. Isso é um movimento político.

— Ah, não sabia. Então não são vândalos espalhando violência e terror?

— Não. São ativistas.

— Entendido. Qual é a causa?

— Que causa?

— Ativismo tem que ser por uma causa, não?

— Bota aí que é contra o fascismo e o ódio.

— Contra ou a favor?

— Se eu falei contra, é contra.

— Claro. Desculpe, me distraí. Então vou colocar aqui que a Tesla está sendo alvo de violência ao redor do mundo contra o ódio.

— Não. A Tesla não está sendo alvo de violência. São manifestações. Enquanto o dono da Tesla não acabar com a democracia, o direito à livre manifestação está assegurado.

— Tá. Posso escrever que o dono da Tesla quer acabar com a democracia?

— Claro.

— E como ele quer acabar com a democracia?

— Apoiando o discurso de ódio na plataforma que ele comprou.

— Ok. Ele apoia atos violentos?

— Ele apoia Trump.

— Ah, é verdade.

— Precisa de mais alguma coisa pra ilustrar o discurso de ódio?

— De forma alguma. Trump é o ódio personificado. Está aqui no manual de redação.

— Que bom que você não esqueceu.

— Não dá pra esquecer. A gente fala isso todo dia.

— E tá pouco.

— Pouco? O que seria mais do que todo dia?

— Toda hora.

— Ah, claro! Me esqueci do tempo real.

— Então corre, que o tempo urge.

"Discurso de ódio no X cresceu 50% após aquisição por Elon Musk, diz estudo."

A notícia da *Folha de S.Paulo* surpreendia por não ter colocado aquele percentual tão científico na boca do leitor — o integrante do jornal com maior credibilidade. Também não usava a foto da saudação nazista. Estranho. O estagiário — segundo com maior credibilidade na empresa — bobeou nessa.

Veja um flagrante do ódio na plataforma adquirida por Elon Musk — espalhado pelo próprio! Já que a imprensa tratava o novo governo Trump como algoz de imigrantes e funcionários públicos, o bilionário da saudação nazista soltou essa no X:

"A VERDADEIRA razão pela qual tantos democratas estão chateados com investigação de fraudes de direitos (previdência social, assistência médica etc.) é que eles estão usando o dinheiro do seu contribuinte como esmolas para atrair e reter imigrantes ILEGAIS. Seus futuros eleitores. É disso que se trata."

Que desagradável, esse bilionário mimado. Quem deu poderes a ele para falar a verdade assim, na cara de todo mundo?

Quem deu autoridade a um sujeito que não teve um voto sequer para estragar a nossa lenda do xenófobo sem coração?

E a rede tóxica continuava a espalhar verdades proibidas:

"Califórnia gastou US$ 9,5 bilhões em assistência de saúde este ano para imigrantes sem documentação."

Cadê os checadores, verificadores e moderadores de conteúdo para esconder uma notícia inconveniente dessas?!

De qualquer forma, apesar de Musk usar maiúsculas para destacar que os imigrantes deportados eram "ILEGAIS", sempre que possível a palavrinha voltava a sumir das manchetes.

"Trump ataca imigrantes porque não consegue baixar inflação com canetada", escreveu Raquel Landim no UOL.

Perfeito! Está em qualquer manual de economia: se os preços não caem, xenofobia neles! E se a inflação foi provocada pelo governo bonzinho que infelizmente foi embora, joga a conta no colo do espantalho.

"Selena Gomez chora por deportados mexicanos: 'Queria poder fazer algo'", destacava a *Folha de S.Paulo.*

O que a Selena poderia fazer, talvez, seria ensinar os companheiros jornalistas a escrever a palavra "ilegais" nas manchetes.

"A mãe do presidente americano estava entre os milhões de imigrantes que chegaram aos Estados Unidos nas primeiras décadas do século 20 em busca de trabalho", publicou a BBC News Brasil.

Certíssimo. Se a historinha da xenofobia e aversão a estrangeiros não está convencendo, o manual manda botar a mãe no meio, pra ver se cola.

"Primeiro voo com brasileiros deportados por Trump chega ao Brasil hoje", anunciava solene a CNN.

A persistência numa determinada tese está entre as principais características do jornalismo moderno. E não pense que é fácil omitir deliberadamente em títulos, subtítulos e legendas o status de imigração ilegal nas notícias sobre deportação. Você também não imagina o trabalho que dá esconder que o governo Obama (viva!!!) realizou mais deportações do que o governo Trump (argh!!!).

"Daniela Mercury pede respeito e 'misericórdia' após medidas de Trump contra trans e imigrantes", noticiou o UOL.

Claro que você já estava sentindo falta da Daniela nessa história. Então... Aí está ela! E não está sozinha:

"Ministra vai sugerir a Lula criação de posto humanitário para deportados", noticiou a CNN Brasil.

O mais interessante foi essa ideia, vocalizada pela substituta de Silvio Almeida no Ministério dos Direitos Humanos, Macaé Evaristo, ter surgido exatamente após a posse de Donald Trump na Casa Branca. Os deportados por Joe Biden não tiveram a sorte de uma acolhida dessas. Devem ter sido deportados com jeitinho (apesar das algemas), aí não precisa de posto humanitário.

Mas agora o bicho ia pegar. Aproveitando o anúncio da elevação de tarifas pelo governo americano, o presidente brasileiro subiu o tom contra o novo ocupante da Casa Branca.

"Lula critica Trump e diz que Brasil tem que ser respeitado: 'Fale manso comigo, não adianta ficar gritando'", noticiou *O Globo*. "Presidente afirma que aprendeu a não ter 'medo de cara feia'."

Lula dizendo que o Brasil tem que ser respeitado era pura poesia nas páginas de *O Globo*. E o gato disse para a lebre: eu sou você amanhã. E a bravata disse para a valentia: pra que tanto ódio? E o jornalismo disse para a assessoria de imprensa: pode cobrir a minha folga?

Apesar de toda a nossa poesia, acrobacia, fantasia, teimosia, anestesia, sinestesia, empatia, homeopatia e telepatia, Trump ultrapassava o primeiro mês de governo com pico de aprovação.

"Mais americanos dizem que os EUA estão no caminho certo do que em qualquer outro momento em 20 anos, diz pesquisa."

Esta era a manchete do *New York Post* em 16 de março de 2025.

É com inevitável revolta que fazemos a constatação definitiva: o fato é uma instituição fascista e a realidade precisa ser regulada. Enquanto isso, seguimos firmes em nossa missão, duelando bravamente com a história.

"EUA com Trump vivem 'situação mais aterrorizante desde a Guerra Civil', diz autor de *Como as democracias morrem*."

Nessa chamada do G1, uma boa pista de como as mídias morrem.

Não tem problema. Morrer faz parte. Navegar é preciso, viver não é preciso. Enganar é preciso, esclarecer não é preciso. O último a sair acende a luz.

NOTA DO AUTOR

COMO VOCÊ PÔDE REPARAR, este livro foi inteiramente escrito em tom de farsa. Essa escolha narrativa é uma homenagem ao contorcionismo intelectual, à ginástica moral, à acrobacia semântica, enfim, é uma homenagem ao circo que tomou conta da imprensa tradicional nos últimos anos.

O humor está em praticamente tudo que escrevo — nos romances, nas biografias, nas peças, nos roteiros, nas crônicas. De *Meu nome não é Johnny* a *O passado promete*, do universo das drogas ao da política, sempre procurei (e felizmente encontrei) o aspecto cômico da vida. Não é uma escolha necessariamente construtiva, nem destrutiva. É só um jeito de ver as coisas. E de pensar sobre elas (ou de não pensar).

À medida que a imprensa foi pedindo para deixar de ser levada a sério, foi surgindo uma das maiores usinas de piadas involuntárias da história. Quando recebi o convite de Jairo Leal, fundador e diretor geral da *Oeste*, para criar um programa de variedades no fim de semana, imediatamente pensei no quadro "Imprensa é a maior diversão".

Quando colocamos o *Outra Coisa* no ar, notei que aquele quadro seria bem mais que um quadro. O nível de distorção do noticiário no Brasil e no mundo era tal que dominava cada vez mais o roteiro do programa. E a crítica ao pé da letra, mesmo com ironia, já não dava conta.

Levei então o tom farsesco e a licença do absurdo, que costumava usar nas crônicas, para o audiovisual. Surgiu assim a bancada teatral do jornalismo mentira. E assim surgiu também este livro.

O grande circo é o irmão impresso do *Outra Coisa*. Ambos contemplam a feira de absurdos midiáticos, cada um à sua maneira. E a equipe do programa compôs o melhor inventário dos produtos dessa feira: Nivea Kalmar, a antena; Pedro Almeida, o megafone.

Aliás, se você encontrar o nome acima em alguma ficha técnica como editor deste livro, não será mera coincidência: é ele mesmo, Pedro Almeida, heterônimo de Gugu Dadá, o astro risonho da "Bobonews" — como o público passou a chamar a nossa bancada, satirizando os canais de notícias.

Aqui vale aproveitar para dizer que a boa sátira não ataca ninguém. Apenas se mete nas dobras da realidade. Somos todos passíveis de sátira. Quanto à mídia tradicional, tenho respeito pelos grandes veículos de imprensa, como instituições. Devo muito a eles e torço sinceramente para que superem o pior momento da sua gloriosa história.

No dia 13 de julho de 2024, dez minutos antes do *Outra Coisa* entrar no ar, Ana Paula Henkel me chamou no camarim. De passagem pelo Brasil, ela ia fazer uma participação no programa. "Trump sofreu um atentado", me disse a Ana, com os olhos arregalados. Fizemos então quatro horas e meia de cobertura ao vivo – entrando pela madrugada de domingo e tentando nos desvencilhar das pistas falsas da mídia nacional e internacional.

Esse talvez tenha sido um dos momentos mais infames da história da imprensa – e por isso é o capítulo de abertura deste livro. Manchetes como "Trump cai do palco" e "Serviço Secreto interrompe discurso de Trump" conseguiram o impossível: produzir uma piada no meio do drama. Restou a nós tratar o drama como drama, e a piada como piada.

Não existe fórmula para atravessar conjunturas pesadas. Uma vez, uma espectadora da *Oeste* me falou na rua: "Manda um abraço pro mestre Augusto Nunes. Eu morro de rir com ele". Pois é. Às vezes a melhor crítica extrai humor daquilo que não tem a menor graça. Na dúvida, divirta-se.

AVIS RARA

ESTA OBRA FOI IMPRESSA

EM AGOSTO DE 2025

TAMBÉM DO AUTOR:

Você achava que os hipócritas modernos não tinham mais o que inventar?

Mas eles se superaram e vieram com um brinquedo novo: os "checadores de fatos" - seres iluminados que decidem o que é verdade e o que é mentira nas redes sociais.

Em quais leis esses novos juízes se baseiam para julgar todo mundo?

Resposta: nas leis da militância e do patrulhamento politicamente correto. Os hipócritas inventaram o juiz partidário — e assim chegaram à perfeição.

Guilherme Fiuza mostra o que é fake news — e aqui vai o spoiler: hoje fake news é tudo aquilo que os Senhores da Verdade não querem que você fale. Esperamos que, atravessando essas páginas, você entenda quem é quem nesse estranho baile de máscaras.

REVIRAVOLTA EM BRASÍLIA.

Essa é a história real de Carlos Lacerda, João Goulart e Juscelino Kubitschek. Várias investigações foram realizadas para apurar se as mortes dos três líderes da "Frente Ampla" foram provocadas. Nenhuma chegou a essa conclusão.

Neste livro de ficção, Guilherme Fiuza "salva" da morte a terceira vítima: Carlos Lacerda, que escapa da clínica onde se internara para exames de rotina. Na história real, Lacerda entra com boa saúde e sai morto. Aqui ele sobrevive: suspeita da preparação de um atentado e foge da clínica de madrugada. Da clandestinidade, Lacerda vai interferir no processo de redemocratização do país e modificar a história que não viveu.

Como o mundo foi cair nesse desvio? Como populações inteiras se renderam à tirania de um clube de bilionários? Como pessoas livres aceitaram ser classificadas por status (falso) de saúde? Como tanta gente esclarecida pôde confundir propaganda com ciência e censura com ética? Neste livro, Guilherme Fiuza mostra que o mundo está mergulhando num totalitarismo disfarçado de proteção à vida humana. Com a habitual mistura de coragem, estilo e sarcasmo, Fiuza explica como a chamada Agenda 2030 pode acabar com as liberdades individuais.